LEÇONS VARIÉES

POUR

L'ÉDUCATION DES GRADÉS INDIGÈNES

DES TIRAILLEURS ALGÉRIENS

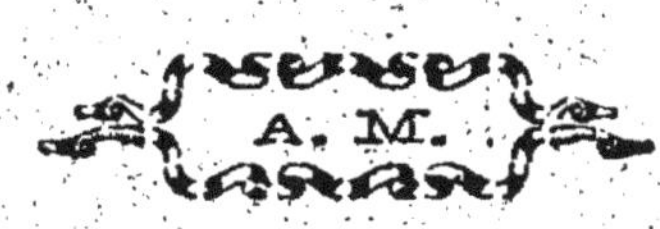

BLIDA
Imprimerie administrative A. MAUGUIN
Place d'Armes
1904

LEÇONS VARIÉES

POUR L'ÉDUCATION

DES GRADÉS INDIGÈNES DES TIRAILLEURS ALGÉRIENS

RÉDIGÉES EN 1902-1903

PAR LE CAPITAINE

de LAVENNE de CHOULOT,

LES LIEUTENANTS

FALLAIS, PERRIN & DUCASSE

du 1er Régiment de Tirailleurs Algériens

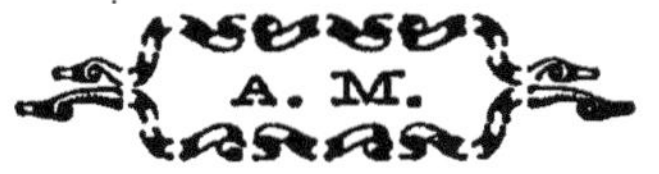

BLIDA
Imprimerie administrative A. MAUGUIN
Place d'Armes

1904

ERRATUM

Page						
Page	3,	ligne 11,	au lieu de	et	mettre	et
—	11,	— 23,	—	personns	—	personne
—	15,	— 4,	après	ruinent	—	2 points
—	22,	— 30,	au lieu de	من	—	عن
—	30,	— 14,	—	الزاني	—	الزنى
—	33,	— 12,	—	ربيني	—	ربياني
—	35,	— 17,	—	qu'a	—	qu'à
—	56,	— 5,	—	mimoun	—	Mimoun
—	—	même ligne,	—	marat'a	—	Marat'a
—	—	ligne 12,	—	vie	—	voie
—	—	— 32,	—	madhi	—	Madhi
—	—	même ligne,	—	moul	—	Moul
—	57,	ligne 10,	—	ouali	—	ouali
—	—	— 34,	—	lui-mème	—	lui-même
—	71,	— 18,	—	حالف	—	خالف
—	72,	— 23,	—	succcssions	—	successions
—	78,	— 35,	—	vent	—	veut
—	81,	— 11,	—	n'est	—	n'est
—	84,	— 20,	—	ioutes	—	toutes
—	—	— 35,	—	comhattre	—	combattre
—	91,	— 36,	—	grace	—	grâce
—	93,	— 18,	—	civlls	—	civils
—	—	— 31,	—	celles-la	—	celles-là
—	104,	— 24,	—	inconvénients	—	inconvénients
—	110,	— 9,	après	مصدق	supprimer	ا
—	—	même ligne,	—	التورية	ajouter	و اتيناه
—	111,	ligne 24,	au lieu de	seigneur	mettre	Seigneur
—	127,	— 23,	—	batit	—	bâtit
—	128,	— 19,	—	ils	—	ils

AVANT-PROPOS

Celui qui veut commander à d'autres hommes doit être meilleur qu'eux.

Il ne suffit pas, pour faire un officier, d'appartenir à une famille riche ou considérée, ou de savoir par cœur les règlements et de les appliquer à tous les détails du service ; il faut, avant tout, posséder l'honorabilité et l'instruction. Celui-là seul dont l'honneur est sans tache et qui sait plus que la moyenne de ses concitoyens, peut avoir la prétention de conduire des hommes. Appelé à vivre avec les officiers français et à les aider dans leur mission éducatrice, le candidat officier indigène ne gagnera leur estime et leur confiance que s'il a compris leurs idées et leurs usages. Comprendre ne veut pas dire adopter, car personne ne songe à lui enlever ses croyances religieuses, ni à modifier ses coutumes. Mais tout homme de bonne foi reconnaîtra qu'il y a beaucoup d'ignorance et de fausses idées chez les indigènes qui n'ont pas été instruits ou qui l'ont été incomplètement. Combien ont lu le Qoran ? A combien d'entre eux a-t-on expliqué, hors des écoles françaises, leurs devoirs les plus simples ?

Il ne faut pas, en lisant ces lignes, hocher la tête avec découragement et montrer son front du doigt, comme pour dire que le cerveau indigène est fermé au progrès, ainsi que le fait le jeune soldat devant une explication nouvelle ou le fellah de la montagne en face d'une machine agricole. Les Français n'ont pas toujours été aussi bons, aussi instruits, aussi prospères que maintenant. Autrefois, les laboureurs et les ouvriers étaient misérables en France. Ils habitaient dans des maisons plus pauvres que celles des Kabyles, dans des huttes pareilles aux gourbis arabes et même dans des cavernes, comme celles de l'Aourès. La guerre désolait sans cesse le pays ; en temps de paix, des bandes de brigands volaient et pillaient. Plus d'une fois le cultivateur en était réduit à atteler sa femme, son frère, ses fils à sa charrue et à travailler la nuit. Enfin, de temps en temps, apparaissait la famine, comme en Algérie, il y a quarante ans à peine. A tous ces maux, le peuple n'opposait que peu de qualités morales ; la loi de Dieu était mal connue, et beaucoup croyaient avoir rempli les obligations de la religion chrétienne quand ils avaient récité des prières ; les pratiques superstitieuses étaient répandues et les sorciers avaient de nombreux clients. En résumé, cette situation ressemblait singulièrement à celle de l'Algérie avant 1830, à celle du Maroc en 1903.

Sans doute, toutes ces choses ont bien changé, puisque Paris passe pour la capitale du monde civilisé ; pourtant, il y a encore en France des hommes qui, par leurs vices, en sont la honte ; il en est d'autres qui ne savent ni bien travailler, ni mettre à profit les inventions des savants, pour améliorer leur sort et celui de leur famille. La France ne se décourage pas ; elle répandra de plus en plus l'enseignement du bien et l'instruction, en augmentant ses écoles ; elle ne cessera pas de prêcher la paix, la bonté, le dévouement pour les autres hommes ; elle maintiendra les principes de liberté, d'égalité et de fraternité qui inspirent ses lois ; aussi restera-t-elle, dans l'avenir, la grande nation d'aujourd'hui.

Faire disparaître le mal et la misère chez ses propres enfants, ce n'est pas assez pour la nation française. Partout où elle a planté son drapeau, elle veut apporter, aux hommes qu'elle a soumis, la même dignité et le même bonheur qu'aux siens ; elle aime donc les Kabyles et les Arabes, et elle sera joyeuse et fière, le jour où elle aura rendu leur existence moins dure et fait germer dans leurs cœurs ses sentiments généreux. Ce jour-là, il ne tient qu'aux indigènes de l'avancer. Quand nos soldats ont débarqué à Sidi-Ferruch, les Musulmans d'Algérie ressemblaient aux Français d'il y a mille ans. D'après le bien déjà accompli, quoique certains Musulmans soient assez peu francs ou assez peu avisés pour le nier, vous reconnaîtrez que le chemin parcouru par les Français, dans leur propre pays, pour arriver à l'aisance et au bien, leurs enfants d'Algérie le parcourront, eux, beaucoup plus rapidement, s'ils se laissent conduire.

Les gradés des tirailleurs sont choisis parmi les plus intelligents et les meilleurs ; nous voulons qu'ils nous aident à faire connaître à leurs frères musulmans les sentiments généreux de la France et pour cela les leur enseigner.

Tous les tirailleurs savent que leurs officiers ont des intentions droites et justes pour les soldats braves et disciplinés qu'ils sont fiers de commander. Qu'ils mettent donc leur confiance dans ce livre écrit avec tout leur cœur par des officiers du régiment ! Qu'ils le lisent, qu'ils l'étudient, non pour en retenir le texte, mais pour en saisir le sens et s'associer aux pensées désintéressées qui l'ont inspiré !

Ire PARTIE. — DEVOIRS GÉNÉRAUX DE L'HOMME

CHAPITRE I

Devoirs envers Dieu

1. Croyance en Dieu. — Il est impossible que l'homme ne croie pas à l'existence d'une puissance supérieure gouvernant le monde. L'ordre et la beauté de la nature nous donnent l'idée d'un Dieu, créateur de l'univers.

الله الذي رفع السموات بغير عمد ترونها * ثم استوى على العرش و سخر
الشمس و القمر كل يجري لاجل مسمى

« C'est Dieu qui a élevé le ciel sans colonnes visibles et s'est établi sur le trône. Il a soumis le soleil, la lune, et chacun de ces astres poursuit son cours jusqu'à un point déterminé. »

يدبر الامر يفصل الايات
وهو الذي مد الارض و جعل فيها رواسي و انهارا و من كل الثمرات
جعل فيها زوجين اثنين يغشي الليل النهار و في الارض قطع
متجاورات وجنات من اعناب و زرع و نخيل صنوان و غير صنوان و نفضل
بعضها على بعض في الاكل ان في ذلك لايات لقوم يعقلون

« Il manie les affaires de l'univers et fait voir distinctement ses merveilles. C'est lui qui a étendu la terre, qui a mis les montagnes et les fleurs, qui a établi les couples dans toutes les productions, qui ordonne à la nuit d'envelopper le jour.... Et sur la terre nous voyons des portions différentes par leur nature, quoique voisines, des jardins, des vignes, des blés, des palmiers isolés ou réunis sur un tronc. Ils sont arrosés par la même eau et c'est nous qui les rendons supérieurs les uns aux autres quant au goût. Certes, il y a dans ceci des signes pour des hommes doués de sens. »

Nous exprimons les sentiments que fait naître en nous la vue des œuvres de Dieu par des prières adressées à Celui auquel nous devons tant de bienfaits.

2. Religion. — Mais les formes suivant lesquelles les hommes manifestent ainsi leur croyance en Dieu ne sont pas partout les mêmes. Elles constituent les pratiques religieuses prescrites par les livres saints.

Là se trouve la loi écrite, que Dieu a révélée à ses prophètes et qui nous trace nos devoirs envers lui dans la vie.

وما كان لبشر ان يكلمه الله الا وحيا او من وراء حجاب
او يرسل رسولا فيوحى باذنه ما يشاء
وكذلك اوحينا اليك روحا من امرنا ما كنت تدرى ما الكتاب
ولا الايمان ولاكن جعلناه نورا نهدى من نشاء

« Il n'est point donné à l'homme que Dieu lui adresse la parole, sinon par la révélation ou à travers un voile.

Ou bien il envoie un prophète, afin que celui-ci, par sa révélation, révèle ce que Dieu veut.

C'est ainsi que nous t'avons révélé l'esprit, par notre ordre, à toi qui ne savais pas ce que c'était que le livre de la foi ; nous en avons fait une lumière, à l'aide de laquelle nous dirigeons ceux qu'il nous plait. » (Qoran XIII, 50, 51, 52).

Les devoirs des Musulmans envers Dieu sont contenus dans le Qoran révélé au Prophète. Ils ont pour base la foi en Dieu unique.

يجازى النفس بما فعلت و الذين كفروا لهم نار جهنم و الذين امنوا
و عملوا الصالحات سندخلهم جنة خالدين فيها

« Il traitera chacun selon ses œuvres. Pour ceux qui ne croient pas en lui, le feu de la Géhenne ; pour ceux qui croient et pratiquent le bien, le Paradis, où ils demeureront éternellement ».

Dans le Qoran, se trouvent des préceptes de morale nécessaires pour se conduire soi-même et vivre avec les autres hommes en société.

3. Résignation.— La religion n'exige pas que l'homme s'en remette à Dieu seul du soin de son existence. Le croyant se soumet aux malheurs qui lui arrivent ; mais il a aussi le devoir de tout faire de lui-même pour conjurer ceux qu'il redoute et pour atténuer les conséquences de ceux qu'il ne peut éviter.

Il ne se résignera que lorsqu'il aura constaté que tous les moyens humains sont impuissants ; sa résignation sera alors sincère. Mais qu'il ne s'écrie pas مكتوب « c'est écrit ! » pour excuser sa paresse ou ses vices.

Le devoir de l'homme, pour être digne du Dieu qui l'a créé et qui est parfait, c'est de faire le bien, de toujours chercher à se perfectionner lui-même et de s'efforcer d'améliorer le sort de ses semblables.

Quand Mohammed entreprit de prêcher la religion, il avait déjà beaucoup travaillé ; il avait longuement médité sur les vices des hommes et sur les mauvaises actions qu'ils ne cessent de commettre. Par la décence de sa tenue, la dignité de sa conduite, l'étendue de ses connaissances et l'autorité de ses conseils, il s'était gagné l'estime et le respect de tous ceux qui l'approchaient. Mais il lui a fallu néanmoins vingt années d'efforts incessants pour arriver à convaincre ses frères de leur impiété, vingt années pendant lesquelles il fut souvent en butte aux railleries, aux insultes, à la haine de tous ceux qui ne voulaient pas croire à sa parole. Jamais cependant le prophète ne se découragea, et, avec l'aide de Dieu, il triompha de ses ennemis. C'est qu'il faut bien se persuader du proverbe :

تسبب و ربى يعينك « Cherche à te débrouiller et Dieu t'aidera. »

انت عليك بالحركة وربى عليك بالبركة

« A toi de te remuer, à Dieu de te bénir. »

4. Pratiques religieuses. — En plus des préceptes de morale qu'il renferme, le Qoran donne aux Musulmans les pratiques religieuses qu'ils doivent observer. Mais, ces pratiques ne valent qu'autant que celui qui s'y conforme les comprend. Il faut, non pas tant les appliquer à la lettre, que s'attacher à en saisir le sens. Dans les tribus où il n'existe pas d'écoles françaises, où le Qoran est lu, sans être expliqué, par un taleb qui l'a seulement appris par cœur, il y a des indigènes qui font avec ostentation les cinq prières, qui portent un chapelet autour du cou et qui cependant désobéissent sans cesse au Qoran. Ceux-là pensent être des croyants : ils se trompent. Au contraire, les actions de ceux qui, empêchés de se livrer à toutes les pratiques de leur religion, s'efforcent de vivre dans le bien, sont agréables à Dieu.

ليس البر ان تولوا وجوهكم قبل المشرق و المغرب و لكن البر من
امن بالله و اليوم الاخر و الملئكة و الكتاب و النبين و اتى المال على حبه
ذوى القربى و اليتامى و المساكين و ابن السبيل و السائلين و في
الرقاب و اقام الصلوة و اتى الزكوة و الموفون بعهدهم اذا عاهدوا و
الصابرين في الباسآء و الضرآء و حين الباس

« La piété ne consiste pas à tourner vos visages du côté du levant ou du couchant. Pieux est celui qui croit en Dieu, au jour dernier, aux Anges, aux Livres et aux Prophètes, qui, pour l'amour de Dieu, donne de son bien à ses proches, aux orphelins, aux pauvres, aux voyageurs et à ceux qui demandent ; qui rachète le captif, qui observe la prière, qui fait l'aumône, remplit les engagements qu'il contracte, qui est patient dans l'adversité, dans les temps durs et dans les temps de violence. » (Qoran II 172).

Ainsi les Tirailleurs ne peuvent se prosterner vers la Kaaba, à l'heure de la prière, sur le terrain de manœuvre ou à la caserne ; il n'est pas possible, en effet, d'autoriser toutes les pratiques d'une religion, dans une armée où servent des soldats de cultes différents, et ceci par respect de la liberté de conscience. Mais cela n'empêche pas chacun, en dehors du service, de pratiquer sa religion et les Tirailleurs de pouvoir rester de bons Musulmans. Outre que dans leurs régiments, on respecte les fêtes musulmanes, qu'on leur facilite les moyens d'observer le Ramadan, ils n'ont qu'à se conformer, dans toutes leurs actions, aux préceptes de morale que leur enseigne leur religion.

La conscience.— D'ailleurs, pour que nous puissions juger toutes nos actions, Dieu nous a donné la conscience. C'est une voix intérieure qui nous avertit du bien et du mal. Quand nous lui avons désobéi, nous sommes pris de remords et rien ne sert de se dire que, si l'on a mal fait, personne ne le sait ; pas un homme n'échappe aux reproches de sa conscience.

اتقوا الله ان الله عليم بذات الصدور

« Craignez Dieu car il connait l'intérieur de vos cœurs. » (Qoran V. 10).

Dieu nous punit de nos fautes, quand bien même la justice des hommes ne nous atteindrait pas. Faire son devoir, c'est obéir à sa conscience sans écouter sa passion et même contre son intérêt.

CHAPITRE II

Devoirs envers soi-même

1. Dignité personnelle. — L'homme est supérieur aux autres créatures de Dieu par sa faculté de comprendre, de raisonner tous ses actes. Cette supériorité doit lui donner le sentiment de sa dignité personnelle : par respect de sa propre personne, il doit se garder de commettre des actions honteuses qui dégraderaient son corps, aviliraient son âme, quand bien même elles ne feraient de tort qu'à lui. « Une âme saine dans un corps sain, » telle est la définition la plus exacte et la plus concise de nos devoirs envers nous-même.

2. Soins du corps. — Le manque de soins pour le corps ou les excès, ont toujours pour effet immédiat d'affaiblir la santé.

Le premier de ces soins du corps qu'on appelle l'hygiène, c'est la propreté.

وربك فكبر * وثيابك فطهر * والرجز فاهجر

« Ton seigneur, glorifie-le ; tes vêtements, entretiens-les proprement et l'abomination, fuis-la. » (Qoran LXXIV – 3 et 4).

Qui, mieux que les tirailleurs, peut contribuer à la faire pratiquer dans les douars ? Tant qu'ils sont au régiment, ils se distinguent par leur propreté corporelle et celle de leur linge, aussi bien que par le bon entretien de leurs effets. Revenus dans leur famille, pourquoi perdent-ils peu à peu ces bonnes habitudes ? Sans parler de leurs habitations qu'ils pourraient améliorer, en y faisant des cloisons pour séparer les chambres, en y perçant des ouvertures pour la lumière et l'air, en y construisant une cheminée, ainsi qu'une écurie séparée du reste de la maison, ils pourraient, au moins, veiller à ce que leurs vêtements soient souvent nettoyés, à ce que chacun, dans leur famille, se lave chaque jour.

Les lavages, les bains sont nécessaires pour débarrasser la peau de toutes les saletés qui la recouvrent. Ils sont un bon moyen pour se défendre contre des maladies, telles que les dartres, la teigne, la pelade ; pour empêcher l'aggravation d'autres maladies, telles que les maladies d'yeux et les maladies vénériennes. Tout ce qui touche au corps doit être soigneusement lavé, car le linge et les vêtements absorbent, avec la sueur, tous les germes mauvais qui se dégagent du corps. Il ne faut même pas hésiter à brûler les vêtements d'un malade après une fièvre typhoïde, la variole, le typhus ou la tuberculose. Ces maladies se propagent avec une très grande facilité et elles atteignent même ceux qui jouissent d'une excellente santé. Les animaux doivent être tenus propres, parce que certaines de leurs maladies sont contagieuses pour l'homme : la morve des chevaux, par exemple.

3. Sobriété et ivresse. — Pour conserver une bonne santé, il faut encore se garder de commettre des excès, de quelque nature qu'ils soient. L'homme doit être sobre, c'est-à-dire ne pas manger plus que sa faim, ni boire plus que sa soif. كلوا و شربوا ولا تسرفوا « Mangez et buvez mais n'en abusez pas. » Quelquefois l'homme ne peut pas manger à sa faim ; mais, lorsqu'il le peut, il doit régler sa nourriture suivant ses moyens et ses besoins, sans se laisser aller à l'abus par gourmandise.

Le plaisir de se livrer à la boisson semble très agréable, même à des gens qui ont à peine de quoi se nourrir ou de quoi nourrir leur famille ; on le constate surtout chez ceux qui habitent les villes et les villages européens, où les cabaretiers vendent à boire sans s'inquiéter des funestes effets des mauvaises boissons qu'ils ont servies. Il devrait être, en tous cas, facile de se préserver de l'ivresse, car, en buvant, l'homme sent très bien l'ivresse le gagner et rien n'est plus dégradant pour lui que d'être en état d'ivresse.

L'ivresse débute par une légère surexcitation ; le corps semble avoir augmenté de vitalité, aussi est-ce parfois un moyen qu'emploient les gens faibles pour se donner du courage, mais presque toujours pour faire le mal. Bientôt la raison se trouble. L'homme ivre murmure des paroles sans suite, il trébuche à chaque pas, ses yeux fixes regardent sans rien distinguer, les oreilles lui tintent et sa tête est serrée comme par un cercle de fer ; quelquefois aussi, il est en proie à une crise violente qui peut lui faire commettre des crimes. Il ne sait pas ce qu'il fait.

Enfin, au dernier degré de l'ivresse, l'homme ivre n'a plus la force de se porter : il se couche où il tombe et, pendant plusieurs heures, reste plongé dans un profond sommeil que rien ne peut interrompre et qui se termine quelquefois par la mort.

Rien n'est plus écœurant que la vue d'un homme ivre et pour un soldat qui porte un uniforme le désignant à l'attention de tous, c'est encore plus honteux. Il est du devoir de tout tirailleur rencontrant un homme ivre, de le faire rentrer au quartier en tâchant de le cacher. Ceux qui le verraient avec sa chéchia de travers, sa ceinture traînant à terre, son pantalon tombant sur ses guêtres, se moqueraient de lui.

Le tirailleur ne doit pas s'enivrer : il commettrait une mauvaise action.

يا ايها الذين امنوا انما الخمر و الميسر و الانصاب و الازلام رجس من عمل الشيطان فاجتنبوه لعلكم تفلحون

« O croyants, le vin, les jeux de hasard, les idoles et le sort des flèches, sont une abomination inventée par Satan. Abstenez-vous et vous serez heureux. » (Qoran V. 92).

Si l'ivresse est honteuse, l'ivrognerie, qui est l'habitude de boire, est un vice dont les conséquences sont plus graves encore, tout en étant quelquefois moins visibles. L'ivrogne perd ses forces physiques ; il devient souvent incapable de faire des enfants ou bien ses enfants naissent avec des maladies incurables. L'ivrogne tombe dans un état voisin de celui de la bête, son caractère devient lâche, irrésolu, il est absolument incapable d'action.

Pour combattre l'ivrognerie, en France, on la punit. Chez tous les marchands de boisson se trouve affichée cette loi :

« L'ivresse dans un lieu public est punie de 1 à 5 francs d'amende ; en cas de récidive, toute personne ayant déjà eu deux amendes est punie de 6 jours à un mois d'emprisonnement avec une amende de 16 à 300 francs. »

Les peines augmentent toujours avec le nombre de condamnations ; pour le Français, elles peuvent entraîner la perte d'une partie de ses droits de citoyen ; les débitants coupables d'avoir donné à boire à des gens ivres sont également poursuivis et punis.

Il faut ajouter à cela que l'état d'ivresse ne diminue en rien la responsabilité de l'homme qui a commis une faute ; à lui de ne pas s'enivrer.

يا ايها الذين امنوا لاتقربوا الصلوة و انتم سكارى حتى تعلموا ما تقولون

« O croyants, ne priez point quand vous êtes ivres ; attendez que vous puissiez comprendre ce que vous dites » (Qoran IV-40).

Aussi est-il triste de voir, parfois, donner au tirailleur cette appellation : *le tirailleur buveur d'absinthe* ; il est certain que beaucoup emploient à boire presque tout leur prêt. S'ils mettaient de côté tout ce qu'ils dépensent de cette façon, ils ne perdraient pas leur santé et ne s'exposeraient pas à des punitions continuelles. En joignant aux économies qu'ils feraient ainsi, leurs primes successives, ils auraient plus tard quelque argent pour pouvoir, à leur libération, se marier dans de bonnes conditions et assurer le bien-être de leur famille.

4. La débauche. — A l'alcoolisme vient s'ajouter un autre fléau : la débauche. Celui qui abuse de la femme ne tarde pas à devenir un débauché.

طاعة النسآء تدخل النار

« L'asservissement aux femmes mène à l'enfer. »

La débauche enlève les forces naturelles et fait perdre tout sens moral : elle porte aux actes les plus monstrueux.

قل للمؤمنين يغضوا ابصارهم و يحفظوا فروجهم ذلك ازكى لهم

« Commande aux croyants de baisser leurs regards et d'observer la continence ; ils en seront plus purs. »

انكم لتاتون الرجال شهوة من دون النسآء بل انتم قوم مسرفون

« Abuserez-vous des hommes, au lieu de femmes, pour assouvir vos appétits charnels ? En vérité, vous êtes un peuple livré aux excès. » (Qoran VII-79).

ائنكم لتاتون الرجال شهوة من دون النسآء بل انتم قوم تجهلون

Aurez-vous, par concupiscence charnelle, commerce avec des hommes, plutôt qu'avec des femmes ? vous êtes dans l'égarement ». (Qoran XXVII-56).

La débauche épuise et déshonore ; elle tue plus sûrement les hommes que la guerre et, chaque jour, elle jette des milliers de malades dans les hôpitaux, des centaines de criminels dans les prisons. Combien de débauchés en arrivent à exploiter honteusement les femmes et à leur prendre leur argent si misérablement gagné !

Des mœurs décentes donnent une garantie de notre valeur morale: aussi tout engagé français doit-il produire, avant d'entrer dans l'armée, un certificat de bonne vie et mœurs.

5 Energie morale et lâcheté. — En résumé, observer l'hygiène, pratiquer la tempérance et avoir des mœurs pures, sont les conditions auxquelles notre santé reste bonne, auxquelles notre corps garde toute sa vigueur.

Or, pour agir, l'homme a besoin du concours de toutes ses forces, aussi bien de celles de son corps, que de celles de sa volonté.

Et, celui qui veut, avec l'aide de Dieu, peut. L'une des formes les plus manifestes de l'énergie morale, c'est le courage.

De tout temps et en tout pays, le courage a été regardé comme la vertu mâle par excellence. Il ne consiste pas seulement à braver le danger immédiat, à ne pas craindre la mort, il donne encore à l'homme la patience et la force de supporter, avec une constance inébranlable, les privations, la misère et le malheur.

On admire le soldat courageux, qui va sans peur au combat et dont l'audace grandit à l'approche du péril ; s'il tombe, bien qu'il ne soit souvent qu'une obscure victime du devoir, il aura une mort glorieuse. On dira de lui : **Mort au champ d'Honneur.**

On méprise le lâche qui tremble pour sa vie.

اين ما تكونوا يدرككم الموت و لوكنتم في بروج مشيدة

« Où que vous soyez la mort vous atteindra ; elle vous atteindrait même dans des tours élevées. » (Qoran IV-80).

Et quand la lâcheté va jusqu'à l'abandon des compagnons d'armes, pour fuir devant l'ennemi, elle devient une honte ineffaçable. Elle est punie de mort.

و من يولهم يومئذ دبره الا متحرفا لقتال او متحيزا الى فئة فقد باء بغضب من الله و ماويه جهنم و بئس المصير

« Quiconque tournera le dos au jour du combat, à moins que ce ne soit pour revenir à l'attaque ou pour se rallier, sera chargé de la colère de Dieu ; sa demeure sera l'enfer, quel affreux séjour ! » (Qoran VIII-16).

Mais les tirailleurs ont toujours été braves : l'historique glorieux du Régiment en fait foi, et le renom de la bravoure des Turcos est devenu légendaire en France, comme dans tous les pays où ils ont paru.

Il est pourtant arrivé que des soldats, après s'être distingués sur le champ de bataille, n'avaient pas la force de caractère voulue pour endurer les fatigues et les privations qui ne manquent jamais dans les circonstances critiques d'une guerre. Leur énergie semblait usée ; par manque de courage, pour ne plus souffrir, ils se donnaient la mort.

لاتقتلوا انفسكم ان الله كان بكم رحيما

« Ne vous tuez pas; Dieu, certes, est miséricordieux envers vous. » (Qoran IV-33).

Nous n'avons pas le droit de nous ôter la vie, qui n'est entre nos mains qu'un dépôt : nous l'avons reçue de nos parents et nous devons la transmettre à nos enfants. Sur cette terre, l'homme doit se considérer comme la sentinelle, qui ne peut quitter son poste avant d'avoir été relevée.

وما كان لنفس ان تموت الا باذن الله كتابا مؤجلا

« L'âme vivante ne meurt qu'avec la permission de Dieu, d'après le Livre qui fixe (le terme de la vie). » (Qoran III-139).

6. Travail et paresse. — L'homme trouve dans le travail un aide puissant pour lutter contre le malheur. S'il occupe son corps et son esprit, il oublie ses maux. Le travail ne donne pas que la force de vivre, il en fournit surtout les moyens.

Et, quand nous n'avons besoin de rien, nous devons penser aux autres pour les secourir. Notre activité ne doit cesser qu'avec la mort.

الموت راحة « La mort est un repos. »

Les désœuvrés, qui vivent constamment dans l'oisiveté, mènent une existence malheureuse. Ils n'ont plus la force, ni même le désir, d'entreprendre quoi que ce soit ; parce qu'ils ne font rien, ils s'ennuient continuellement.

D'ailleurs, ceux auxquels l'oisiveté peut paraître permise sont bien rares, et le travail est la loi commune.

La paresse est la mère de tous les vices. Quand elle devient une habitude, elle fait de l'homme un inutile qui est souvent à la charge des autres. Mendiant pour pouvoir vivre, il cherche à apitoyer les gens sur son sort, alors que, la plupart du temps, il n'est dans la misère que par sa faute. Quand il ne suffit plus au fainéant de mendier, il vole.

La mendicité est interdite dans beaucoup de communes de France, et le vagabondage est partout poursuivi par la loi.

7. Prévoyance et économie. — Souvent, cependant, on voit des gens qui, malgré leur travail, se débattent continuellement avec la misère. Ceux-là, peut-être, dépensent plus que leur travail ne produit. Les uns sont prodigues, ils gaspillent leur bien et se ruinent : à force de puiser dans le bassin d'une fontaine, on le vide.

ان المبذرين كانوا اخوان الشياطين وكان الشيطان لربه كفورا

« Les prodigues sont frères des démons ; Satan a été infidèle envers son Seigneur. (Qoran XVII-29).

Les autres manquent de prévoyance : le manque de prévoyance fut la cause des famines qui désolèrent longtemps l'Algérie. L'homme doit songer aux mauvais jours de l'avenir ; la maladie, le malheur, la vieillesse le menacent durant toute la vie. Qu'il se casse un bras, que la récolte soit mauvaise, qu'il soit volé ou qu'il n'ait plus la force de travailler, c'est pour lui la misère. Un homme économe assure ses besoins et ceux de sa famille, mais il ne dépense pas plus qu'il n'est nécessaire ; de cette façon, il peut mettre en réserve, pour les mauvais jours, quelques provisions ou quelque argent.

الي ما يشبع ما كان إلا يموت جيعان

« Qui ne sait se rassasier mourra de faim. »

8. L'avarice. — L'économie est une précaution très louable ; elle ne saurait se confondre avec l'avarice qui est une pratique odieuse.

L'avare se refuse tout, endure les plus grandes privations pour satisfaire son besoin de s'enrichir.

البخيل كالحمار يحمل الذهب و الفضة و يتعلف بالتبن

« L'avare est comme l'âne qui porte de l'or et de l'argent et se nourrit de paille. »

الذين يبخلون و يامرون الناس بالبخل و يكتمون ما اتاهم الله من فضله و اعتدنا للكافرين عذابا مهينا

« Dieu n'aime pas les avares, ni ceux qui recommandent l'avarice aux autres et cachent soigneusement ce qu'il leur a donné par un effet de sa faveur ; nous avons donné aux incrédules une peine ignominieuse. » (Qoran IV-41).

Quelquefois, l'avare devient un usurier ; l'usure est pour lui un moyen d'augmenter sa richesse.

يا ايها الذين امنوا لا تاكلوا الربى اضعافا مضاعفة

« O croyants, ne vous livrez pas à l'usure, en portant la somme au double et toujours au double. » (Qoran III-125).

L'avarice peut être regardée comme une véritable passion ; elle rend l'avare absolument incapable de la moindre générosité : pour donner, il lui faudrait se dessaisir d'un peu de son bien.

الشيطان يعدكم الفقر و يامركم بالفحشآء و الله يعدكم مغفرة منه و فضلا و الله واسع عليم

« Satan vous menace de la pauvreté et vous commande les turpitudes ; Dieu vous promet son pardon et ses bienfaits. Certes, Dieu est immense et savant. » (Qoran II-271).

9. Passion du jeu. — Et cet appât du gain se retrouve également dans la passion du jeu. Mais le jeu est plutôt une conséquence de la paresse ; c'est, en effet, un moyen d'acquérir vite et sans peine.

Tant que le jeu ne consiste qu'en une lutte de notre corps ou de notre esprit, il n'est pas blâmable. Mais, rien n'est plus dangereux que le jeu d'argent, et plus méprisable que l'homme qui demande aux cartes et aux dés de lui procurer de l'argent. Pendant qu'il s'adonne à sa passion, il oublie tout ; il méconnait les principes les plus sacrés. Pour jouer, il ne travaille plus, quoique le travail soit sa seule ressource pour se nourrir, ainsi que tous les siens. Il est insatiable : qu'il gagne ou qu'il perde, il veut encore jouer et, s'il a perdu, il aura recours, pour se procurer un nouvel enjeu, à des moyens honteux, tels que l'abus de confiance, voir même le vol.

Le jeu est ainsi jugé par le Qoran :

يسئلونك عن الخمر و الميسر قل فيهم اثم كبير و منافع للناس و اثمهما اكبر من نفعهما

« Ils t'interrogeront sur le vin et le jeu. Dis-leur : dans l'un comme dans l'autre, il y a du mal et des avantages pour les hommes, mais le mal l'emporte sur les avantages. » (Qoran II-216).

Le jeu est également la cause de nombreuses querelles ; s'il perd, le joueur est furieux de son impuissance ; il s'en prend toujours à quelqu'un de sa malchance, accuse son adversaire d'avoir triché, et, des paroles, on en vient aux coups.

C'est ainsi que, chez les tirailleurs, le jeu ne peut pas toujours être toléré, car beaucoup ne sont pas assez raisonnables pour occuper tranquillement leurs moments de repos, en jouant aux lotos ou aux dames ; ils jouent de l'argent aux cartes, perdent ainsi très vite leur prêt et finalement se battent jusqu'au point de se blesser grièvement.

10. Le mensonge. — Une autre cause de querelles réside dans les propos que nous tenons les uns sur les autres.

بلآء الانسان من اللسان

« Les maux de l'homme viennent de sa langue, » dit un proverbe.

Nos paroles sont rarement l'expression de la vérité ; quelquefois elles expriment tout le contraire.

لا تلبسوا الحق بالباطل و تكتموا الحق و انتم تعلمون

« Ne revêtez pas la vérité de la robe du mensonge; ne cachez point la vérité quand vous la connaissez. » (Qoran II-39).

Certains même, ajoutent à leur mensonge, pour mieux tromper, un faux serment. Jadis, celui qui était parjure, était puni de peines corporelles ; de nos jours, la loi française le punit d'un emprisonnement et lui retire ses droits de citoyen, c'est-à-dire qu'il ne peut ni remplir une fonction publique, ni voter, ni servir dans l'armée.

يا ايها الذين امنوا كونوا قوامين بالقسط شهداء لله على انفسكم او الوالدين والاقربين ان يكن غنيا او فقيرا ولا تتبعوا الهوى ان تعدلوا

« O croyants, soyez stricts observateurs de la justice quand vous témoignez devant Dieu, dussiez-vous témoigner contre vous-mêmes, vos parents, vos proches, vis-à-vis du riche ou du pauvre. Ne suivez pas vos passions, vous serez justes. » (Qoran IV-134).

لا يؤاخذكم الله باللغو في ايمانكم و لكن يؤاخذكم بما عقدتم الايمان

« Il ne vous châtiera pas pour une légèreté dans vos serments, mais il vous châtiera à cause de vos engagements sérieux que vous violeriez. » (Qoran V-91).

و الذين لايشهدون الزور

« (Les serviteurs de Dieu sont....) ceux qui ne portent point de faux témoignages. » (Qoran XXV-72).

ولا تطع كل حلاف مهين

« Mais toi, n'écoute pas celui qui jure à tout propos et qui est méprisable. » (Qoran LXVIII-10).

Les tirailleurs pris en faute mentent presque toujours, espérant échapper à la punition ; d'abord, il est rare qu'ils réussissent et, par leur mensonge, ils aggravent leur faute. La franchise dispose toujours en faveur d'un coupable ; une faute avouée est à moitié pardonnée, dit un proverbe français. Mais celui qui a menti, dans l'espoir de cacher sa faute, ne doit compter sur aucune indulgence.

الكذب سلاح الفاجر « Le mensonge est l'arme du pervers. »

و من يكسب خطيئة او اثما ثم يرم به بريئا فقد احتمل بهتانا و اثما مبينا

« Celui qui commet une faute ou un péché et puis la rejette sur un innocent, se charge d'une calomnie et d'un péché manifeste. » (Qoran IV-112.)

Très souvent, l'homme ment par intérêt, soit pour acquérir du bien-être ou se procurer des plaisirs, soit pour garantir sa fortune ou sa vie. Cependant, ni la possession des biens de ce monde, ni le désir de vivre au prix d'une mauvaise action, ne saurait être mis en comparaison avec la satisfaction de notre conscience.

و مغفرة من الله و رضوان و الحيوة الدنيا الا متاع الغرور

« Le pardon de Dieu et sa satisfaction. La vie de ce monde n'est qu'un bien illusoire. » (Qoran LVII-20).

Nous devons, en toute circonstance, être sincères, c'est-à-dire parler selon notre pensée, sans rien dissimuler, ni exagérer. La dissimulation est le commencement de l'hypocrisie : les hypocrites affectent d'avoir de bons sentiments, ils trompent.

و اذا رايتم تعجبك اجسامهم و ان يقولوا تسمع لقولهم احذرهم قاتلهم الله

« Quand tu les vois, leur extérieur te plaît ; quand ils parlent, tu les écoutes. Evite-les, et que Dieu les combatte ! » (Qoran LXIII-4).

11. Fierté et orgueil. — Une autre forme de mensonge est d'exagérer à dessein, soit pour plaire à quelqu'un, soit pour se vanter. La vanité n'est jamais justifiée ; elle est le fait des sots ou des ignorants. La modestie sied mieux, elle est presque toujours la garantie du mérite réel. Cela ne nous empêche pas de nous montrer fiers de tout ce qui est un honneur pour nous. Nous pouvons être fiers d'une bonne action ; nous sommes fiers d'appartenir à une nation puissante, de faire partie d'un régiment glorieux ; c'est également avec un sentiment de fierté que le père de famille présente à son hôte ses enfants, s'ils sont forts, bien faits et vertueux. Mais nous ne devons pas, pour cela, mépriser les qualités des autres, en exagérant les nôtres.

ولاتمش في الارض مرحا انك لن تخرق الارض ولن تبلغ الجبال طولا

« Ne marche pas fastueusement sur la terre, tu ne saurais ni la fendre en deux, ni égaler la hauteur des montagnes. » (Qoran XVII-39).

L'orgueil cause la perte des meilleurs ; c'est l'exagération de l'amour-propre. Vouloir égaler celui qui a du mérite, sans chercher à lui enlever ses droits ou ses avantages pour en profiter soi-même, est au contraire une généreuse ambition conforme à l'idéal de perfection que nous devons toujours rechercher. Si nous n'avions pas d'amour-propre, nous aurions trop tendance à nous contenter de résultats imparfaits, même à nous défier de nos propres forces.

Dans les luttes, dans les concours, on met aux prises l'amour-propre de chacun ; on provoque l'émulation et comme c'est un puissant stimulant de toutes nos facultés, c'est un moyen universellement employé pour discerner et récompenser le vrai mérite. L'avancement au choix n'a pas d'autre base.

Un des reproches trop souvent mérités par les indigènes qui ont un peu d'instruction est motivé par leur vanité ridicule qui les pousse à l'indiscipline ou à la paresse. Parce qu'on leur a fait une faveur en les nommant caporaux, sergents ou officiers plus tôt que leurs camarades, ils s'imaginent être des hommes supérieurs et ne sont jamais satisfaits des récompenses. En réalité ce ne sont que des sots : l'homme véritablement instruit est modeste, car il sait tout ce qui lui reste encore à apprendre. Les plus grands savants sont presque toujours les plus modestes.

12. Haine et envie. — Malheureusement, l'émulation dégénère souvent en rivalité et la rivalité fait naître la jalousie, l'envie, même la haine. Le jaloux envie à un autre sa supériorité, les avantages dont il jouit ; il serait heureux de l'en priver, même s'il ne doit pas en profiter.

La haine est l'exagération même de la jalousie ; elle devient un véritable tourment pour celui qui en est possédé. C'est un sentiment si violent qu'il peut rendre fou ou faire commettre des crimes.

Le chagrin d'être privé de ce que nous voyons aux mains des autres est surtout la ressource des faibles, de ceux qui se reconnaissent d'avance incapables d'obtenir par leurs efforts ce qu'ils envient à autrui.

L'envie est la preuve d'un petit esprit, d'un caractère vil et sans énergie.

Ni la richesse, ni les honneurs ne font souvent le bonheur.

القليل مع العافية خير عن الكثير مع البلآء

« Pauvreté, avec tranquillité, vaut mieux que richesse avec tourment ». Et celui-là seul est heureux qui n'a rien à se reprocher.

CHAPITRE III

Devoirs envers les autres créatures

1. La vie en société. — Le penchant naturel de l'homme semble être de rechercher son bien-être personnel ; de s'éviter soigneusement toute cause de gêne ou de douleur. Mais il ne peut pas donner libre cours à ses instincts, car il ne vit pas isolé ; autour de lui vivent d'autres hommes. Si, les négligeant, il prétend faire tout ce qu'il lui plaît, il arrivera un moment où il se heurtera à ses voisins. Il pourra alors être gêné par eux et les gêner. De là résultent des droits et des devoirs ; l'accord des intérêts de chacun avec ceux de tous constitue, dans la société, la justice.

Du fait de vivre en société, l'homme contracte vis-à-vis de ses semblables des obligations qu'il ne peut nier ; l'égoïsme individuel qui nous pousse à ne nous occuper que de notre seul bonheur personnel, paraît odieux. Certains prétendent que toute action humaine, même la plus vertueuse, est provoquée par l'intérêt ; cela prouve seulement qu'il est possible de concilier cet intérêt avec le devoir et la justice.

L'homme a besoin de la société de ses semblables. Réduit à ses seules forces, il serait condamné à mener une vie misérable ; il passerait les jours et les nuits dans une crainte perpétuelle ; il lui faudrait se défendre contre son semblable, qui pourrait l'asservir ou le tuer s'il était plus fort que lui ; devenu malade ou vieux, n'ayant plus la force de chercher sa subsistance, il devrait mourir de faim. Au contraire, les hommes réunis en société peuvent se protéger mutuellement, s'entr'aider les uns les autres ; ils forment un vaste atelier où chacun travaille de son métier, mais le travail de chacun profite à tous.

2. Fraternité. — Nos devoirs envers nos semblables sont donc des devoirs de charité et des devoirs de justice : nous sommes tous des créatures de Dieu et nous ne saurions nous passer les uns des autres. La fraternité doit exister entre tous les hommes. « Aimez-vous les uns les autres » en est la loi. Aimer le prochain, c'est lui témoigner de la bonté, de la bienveillance et lui souhaiter du bien.

الى تحبد لنبسك حبه لغيرك

« Ce que tu désires pour toi-même, désire-le pour ton prochain. »

« Aidez-vous les uns les autres », est le devoir de la charité. L'aumône est un des moyens de venir en aide au prochain, de le soulager de ses misères.

يسئلونك ما ذا ينبقون فل ما انبقتم من خير فللو الدين و الافربين و اليتامى و المساكين و ابن السبيل و ما تبعلوا من خير فان الله به عليم

« Ils t'interrogeront comment il faut faire l'aumône. Dis-leur : il faut secourir les proches, les orphelins, les pauvres, les voyageurs ; le bien que vous ferez sera connu de Dieu. » (Qoran II-217).

C'est également en vertu de la charité que nous devons donner l'hospitalité à celui qui nous la demande et, chez les indigènes, c'est un devoir sacré. Grâce à ces belles coutumes, les plus pauvres peuvent voyager, puisqu'ils sont sûrs d'être hébergés de bon cœur. D'ailleurs, la façon de donner vaut mieux que ce que l'on donne.

يا ايها الذين امنوا لا تبطلوا صدفاتكم بالمن و الاذى كالذين ينبق ماله رئاء الناس و لا يومن بالله و اليوم الاخر

« O croyants, ne rendez point vaines vos aumônes par les reproches ou les mauvais procédés, comme agit celui qui donne de son bien par hypocrisie et ne croit pas à Dieu et au jour dernier. » (Qoran II-266).

Il faut donner suivant nos moyens et surtout avec notre cœur.

اذا عندك كثير أعط من مالك و اذا عندك فليل أعط من فلبك

« Si tu as de nombreuses richesses, donne de ton bien ; si tu possèdes peu, donne de ton cœur », dit le proverbe.

Compatir aux malheurs d'autrui, est un devoir rigoureux ; notre affection doit se porter sur les faibles.

و يسئلونك من اليتامى فل اصلاح لهم خير

« Ils t'interrogeront sur les orphelins. Dis-leur : leur faire du bien est une bonne action. » (Qoran II-218).

Nous ne devons pas hésiter à nous dévouer pour notre prochain. Les muletiers qui rencontrent sur la route un voyageur fatigué, doivent le recueillir et le conduire en lieu sûr. Celui qui, voyageant à l'étranger, rencontre un de ses compatriotes malade ou dans l'embarras, doit l'assister. L'abandon d'un blessé sur le champ de bataille est une lâcheté. Il n'est pas d'être plus indigne que celui qui laisse périr sous ses yeux une personne qu'il pouvait essayer de sauver ; le sauveteur est au contraire récompensé comme le soldat, puisque, comme lui, il se dévoue pour le salut des autres et qu'on lui décerne une médaille de sauvetage.

من احياها فكانما احيا الناس جميعا

« Celui qui a rendu la vie à un homme sera regardé comme s'il avait rendu la vie à tout le genre humain. » (Qoran V. 35).

3. Devoirs envers les animaux. — Notre bonté doit s'étendre même aux animaux, créatures de Dieu moins parfaites que l'homme mais chez lesquelles la sensibilité existe suffisamment pour les faire souffrir des mauvais traitements. Il faut se montrer patient envers les animaux domestiques qui nous servent et sans lesquels l'homme serait condamné aux plus dures fatigues. Non seulement il est interdit de les brutaliser pour exciter leurs efforts, mais on doit les nourrir en raison de leur travail. Quant aux animaux qui vivent à l'état sauvage, nous les chassons pour nous nourrir de leur chair ou nous défendre contre leurs attaques. Mais quelle que soit la raison pour laquelle nous donnons la mort à un animal, que sa mort soit prompte ! évitons de le faire souffrir.

En France, une loi, appelée la Loi Grammont, punit tous les actes de cruauté commis sur des animaux. Les mauvais traitements exercés publiquement et abusivement envers des animaux domestiques sont punis de 5 à 15 francs d'amende et de 1 à 5 jours de prison.

Les charretiers, les conducteurs, oublient trop souvent cette loi.

4. Respect de la vie d'autrui. — La charité ne se commande pas ; elle doit être en nous un acte spontané, qui témoigne de notre bon cœur mais auquel il est difficile de nous contraindre. Il n'en est pas de même de nos devoirs de justice ; les lois de la société nous obligent à respecter la vie, la liberté, les biens, l'honneur et les opinions de nos semblables.

Personne n'a le droit d'attenter à la vie d'un homme; le meurtre est un crime.

اناء من فتل نهسا بغير نهس او بساد في الارض وكانما فتل الناس جميعا فجزاؤه جهنم خالدا بيها و غضب الله عايه و لعنه و اعد له عذابا عظيما

« Celui qui a tué un homme, sans que celui-ci ait tué un homme ou semé le désordre dans le pays, sera regardé comme le meurtrier du genre humain ; il aura l'enfer pour rétribution ; il y demeurera éternellement. Dieu, irrité contre lui, le maudira et le condamnera à un supplice terrible. » (Qoran IV-95).

Le meurtrier étant dangereux pour ses semblables, est condamné à mort ou aux travaux forcés à perpétuité.

لاتفتلوا الناس التى حرم الله الا بالحف

« Ne tuez point les hommes, car Dieu vous l'a défendu, excepté si la justice l'exige. » (Qoran VI-152).

La provocation n'appelle ni n'excuse le meurtre.

لئن بسطت الى يدك لتفتلنى ما انا بباسط يدى اليك لافتلك انى اخاف الله رب العالمين

« Quand même tu étendrais ta main vers moi pour me tuer, je n'étendrai pas la mienne pour t'ôter la vie, car je crains Dieu, Maître de l'univers. » (Qoran V-31).

Trop souvent on invoque pour se disculper le cas de légitime défense ; et les tirailleurs, si prompts à jouer de leur baïonnette, n'y manquent pas. Aussi se voient-ils parfois retirer le port de leur arme, c'est une honte pour eux : seul le soldat peut sortir armé ; ils ne sont plus dignes d'être traités en soldats.

5. Respect de la liberté d'autrui. — A l'homme appartient avec la vie, la liberté ; il ne peut en aucune façon en être privé. C'est le principe qui a été posé en 1793 par la grande Assemblée française. La liberté est le pouvoir qui appartient à l'homme de faire tout ce qui ne nuit pas aux droits d'autrui. La limite morale est dans cette maxime : « Ne fais pas à autrui ce que tu ne veux pas qu'il te soit fait. »

La liberté n'est restreinte que par les conventions établies pour l'utilité commune ; un homme ne peut être emprisonné que lorsqu'un jugement rendu d'après les lois l'a privé de sa liberté. L'esclavage est donc interdit. Chez les Arabes du Sud, il y a encore quelques esclaves ; traités avec douceur, ils font partie de la famille. Il n'en est pas moins vrai qu'ils devraient être affranchis. Il y a treize siècles, l'esclavage était répandu sur toute la terre ; cela n'empêche pas que le Qoran recommande d'affranchir les esclaves.

و الذين يبتغون الكتاب مما ملكت ايمانكم فكاتبوهم ان علمتم فيهم خيرا و اتوهم من مال الله الذى اتيكم

« Si quelqu'un de vos esclaves vous demande son affranchissement par écrit, donnez-le lui si vous l'en trouvez digne. Donnez-leur un peu de ces biens que Dieu vous a donnés. (Qoran XXIV-33).

Grâce aux efforts de toutes les nations de l'Europe et surtout de la France, l'esclavage ne tardera pas à disparaître complètement.

6. Respect des faibles. — Ce respect de la vie et de la liberté de nos semblables nous oblige également à venir en aide à tous ceux qui ne peuvent, par leurs seules forces, se faire respecter.

و عاشروا النسآء بالمعروف

« Soyez bons dans vos procédés à l'égard des femmes. » (Qoran IV-23).

و ما يتلى عليكم في الكتاب في المستضعفين من الولدان و ان تقوموا اليتامى بالقسط و ما تفعلوا من خير فان الله كان به عليما

« Ce livre vous instruit relativement aux enfants faibles ; il vous prescrit d'agir en toute équité vis-à-vis des orphelins ; vous ne ferez aucune bonne action qui ne soit inconnue de Dieu. » (Qoran IV-126).

Quant aux vieillards, il faut les protéger et les respecter ; ils sont usés par la vie, mais ils ont acquis la sagesse par l'expérience.

اكبر منك بيوم اعرف منك بسنة

« Celui qui est plus âgé que toi d'un jour, est plus expérimenté d'une année. »

7. Respect des biens d'autrui. — Nous devons également respecter les biens d'autrui. Pour pouvoir vivre en commun, il faut que chacun conserve le bénéfice de son travail. Sinon, il en est qui trouveraient commode de vivre aux dépens des autres, sans rien faire.

Le vol, quoique moins odieux que le meurtre, n'en est pas moins une action infamante punie d'emprisonnement. Les voleurs, autrefois, étaient marqués au fer rouge sur le front, pour que chacun sût qu'ils avaient volé. Actuellement, le voleur est privé des droits de citoyen. La peine édictée dans le Qoran contre les voleurs serait terrible si elle était appliquée.

و السارق و السارقة فاقطعوا ايديهم جزاء بما كسب نكالا من الله
و الله عزيز حكيم

« Quant au voleur et à la voleuse vous leur couperez les mains, comme rétribution de l'œuvre de leurs mains, comme châtiment venant de Dieu. Or, Dieu est puissant et sage. » (Qoran V. 42).

Le voleur se corrige difficilement de ses mauvais instincts. Celui qui a commencé à voler, recommence et toujours l'occasion fait le voleur.

الي يسرق إبرة يسرق بقرة

« Celui qui vole une aiguille, vole une vache ».

Le vol est la plaie des populations pauvres et paresseuses. A beaucoup, il offre un moyen d'existence : il devient même un métier dans lequel le voleur habile se distingue. Il n'est pas rare de voir le père et le fils voler ensemble. Et l'un est l'élève de l'autre.

Le voleur risque souvent sa vie pour peu ; quelquefois pour un mouton ou un mezoued de blé. Au besoin plusieurs bandits se réunissent pour commettre le vol à main armée ; on cherche à surprendre celui qui doit être volé, mais presque toujours l'affaire se règle à coups de fusil. Le produit du vol est généralement partagé en famille. D'ailleurs tous ceux qui sont interrogés mentent pour égarer les recherches et empêcher l'autorité de trouver le voleur. Il ne reste qu'une ressource au volé, c'est de promettre une béchara pour savoir où sont cachés les objets volés.

Vol et mensonge, voilà donc ce qui parait plus honorable que le travail à beaucoup de Musulmans d'Algérie.

La misère peut parfois pousser au vol, mais le vol n'est jamais excusable chez des soldats, dont tous les besoins matériels sont assurés.

Aussi, le vol dans l'armée est-il très sévèrement puni par les conseils de guerre.

Frauder, c'est tromper sur la qualité, le poids ou la quantité des marchandises ; c'est faire de fausses déclarations pour ne pas payer les droits d'entrée au marché ou les impôts levés par le caïd.

ويلك المطففين الذين اذا اكتالوا على الناس يستوفون و اوفوا الكيل اذا كلتم وزنوا بالقسطاس المستقيم ذلك خير و احسن تويلا

« Malheur à ceux qui faussent la mesure ou le poids. » (Qoran LXXXIII-1).

« Quand vous mesurez, remplissez la mesure. Pesez avec une balance juste, cela est bien. C'est la meilleure façon de procéder. » (Qoran XVII-37).

Dans toute affaire, il faut de la probité et de la loyauté. Celui qui ne restitue pas un dépôt, celui qui ne s'acquitte pas de ses dettes, commet aussi un vol à l'égard de celui qui a eu confiance en sa parole.

يا ايها الذين امنوا اذا تداينتم بدين الى اجل مسمى فاكتبوه و ليكتب بينكم كاتب بالعدل

« Vous qui croyez, lorsque vous contractez une dette payable dans un délai fixé, que ce soit par écrit, et qu'un écrivain le mette fidèlement par écrit. »

واشهدوا اذا تبايعتم ولا يضار كاتب ولا شهيد و ان تفعلوا فانه فسوق

« Appelez des témoins dans vos transactions et ne faites violence ni à l'écrivain, ni au témoin ; si vous le faites, vous commettez un crime. » (Qoran II 282).

فمن بدل (وصية) بعد ما سمعه فانما اثمه على الذين يبدلونه ان الله سميع عليم

« Celui qui après avoir entendu les dispositions du testateur au moment de sa mort, les aura altérées, commet un crime. Dieu voit et entend tout. » (Qoran II-177).

و اتوا اليتامى اموالهم ولا تاكلوا اموالهم انه كان حوبا كبيرا

« Restituez leurs biens aux orphelins devenus majeurs et ne confondez pas leurs biens avec les vôtres, c'est un crime énorme ». (Qoran IV-2).

Tout en payant nos dettes très exactement, nous serons, par charité, indulgents pour ceux qui nous doivent.

و ان كان ذو عسرة فنظرة الى ميسرة و ان تصدقوا خير لكم ان كنتم تعلمون

« Si votre débiteur éprouve de la gêne, attendez qu'il soit plus à son aise. Si vous lui remettez sa dette, ce sera plus méritoire si vous le savez. » (Qoran II-280).

Le payement d'une dette ne suffit pas toujours et certains services ne se payent pas avec de l'argent ou autres dons ; notre seule façon de nous acquitter d'un bienfait est de témoigner notre reconnaissance. Hélas ! les bienfaits sont souvent payés par l'ingratitude.

و اذا انعمنا على الانسان اعرضى ولا بجانبه و اذا مسه الشى بدوعاء عريض

« Lorsque nous avons accordé une faveur à l'homme, il s'éloigne de nous ; lorsque le malheur l'atteint, il nous adresse une prière bien longue. » (Qoran XLI-51).

8. Respect de l'honneur d'autrui. — Enfin, il est de mauvaises actions dont il est beaucoup plus difficile d'apprécier la gravité et qui sont tout aussi honteuses : ce sont celles que nous commettons lorsque, par nos paroles ou nos actes, nous portons atteinte à la réputation, à l'honneur de nos semblables.

Trop souvent, par légèreté d'esprit, par désir de nous faire remarquer ou par méchanceté, nous racontons des faits désobligeants pour notre prochain, sans pouvoir les prouver, ou bien nous acceptons la médisance, la calomnie ou la diffamation, comme si nous avions grand plaisir à constater les faiblesses des autres.

عشر معاصى تحت زبى و لا واحدة تحت العبد

« Il vaut mieux commettre dix péchés sous les yeux de Dieu,

qu'un seul sous les yeux de l'homme. »

Plutôt que d'avancer ce dont on n'est pas sûr, il faut se taire.

يا ايها الذين آمنوا لا يسخر قوم من قوم عسى ان يكونوا خيرا منهم
ولا نسآء من نساء عسى ان يكن خيرا منهن ولا تلمزوا انفسكم ولا
تنابزوا بالالقاب يا ايها الذين امنوا اجتنبوا كثيرا من الظن ان بعض
اثم ولا تجسسوا ولا يغتب بعضكم بعضا ايحب احدكم ان ياكل لحم
اخيه ميتا فكرهتموه واتقوا الله ان الله تواب رحيم

« Que les hommes ne se moquent pas des hommes : ceux que l'on raille valent peut-être mieux que ceux qui les raillent; ni les femmes des autres femmes : peut-être celles-ci valent mieux que les autres. Ne vous diffamez pas entre vous, ne vous donnez point de sobriquets. O vous qui croyez, évitez les soupçons trop fréquents ; il y a des soupçons qui sont des péchés ; ne cherchez point à épier le pas des autres, ne médisez pas les uns des autres; qui de nous voudrait manger la chair de son frère mort? Cela nous répugne : craignez donc Dieu, il aime à pardonner, il est miséricordieux. » (Qoran XLIX 11-12).

Il faut dans les jugements sur autrui nous montrer très réservés, car nous pouvons nous tromper ; il faut également nous montrer indulgents, car nous commettons tous des fautes.

Celui qui dévoile les actions coupables de ses frères détache le voile qui couvre ses propres fautes, apprennent les Khouans.

La calomnie peut avoir des conséquences terribles ; quoi que l'on fasse, elle laisse toujours des traces.

كل جرح يبراء و يتناسى من غير جرح اللسان

« Toute blessure se guérit et s'oublie, hormis celle de la langue ».

Aussi la diffamation, qui est le fait de répandre publiquement une calomnie, est-elle sévèrement punie par les lois.

Nous ne devons pas d'ailleurs écouter le calomniateur, c'est en quelque sorte approuver sa mauvaise action.

ولا تطع كل حلاف مهين هماز مشا بنميم

« N'écoute pas ces gens méprisables qui vont comme des boiteux en tenant des propos calomnieux. » (Qoran LXVIII-11).

Et nous pouvons toujours craindre le proverbe.

الي يقذف لك يقذف عليك

« Celui qui médit auprès de toi, médira de toi. »

Celui qui entraine une femme à l'adultère, porte également atteinte à l'honneur de son semblable. Il abuse de la bonne foi du mari qui ignore la conduite de son épouse, car, autrement, il laisserait sa femme se prostituer et rien n'est plus infamant que de vivre d'une femme : c'est un honteux trafic.

و لا تكرهوا بتياتكم على البغاء ان اردن تحصنا لتبتغوا عرض الحيوة الدنيا و من يكرههن بان الله من بعد اكراههن غفور رحيم

« Ne forcez point vos servantes à se prostituer pour vous procurer des biens passagers de ce monde, si elles désirent garder leur pudicité. Si quelqu'un les y forçait, Dieu leur pardonnerait à cause de la contrainte, il est indulgent et compatissant. » (Qoran XXIV-33).

و لا تقربوا الزاني انه كان با حشة و سآء سبيل

« Evitez l'adultère, c'est une turpitude et une mauvaise action. » (Qoran XVII-34).

الزانية و الزاني با جلدوا كل واحد منهما ماية جلدة و لا تاخذكم بهما ارفة في دين الله

« Vous infligerez à l'homme et à la femme adultères cent coups de fouet à chacun ; que la compassion ne vous entrave pas dans l'accomplissement de ce précepte de Dieu. » (Qoran XXIV-2).

Les conséquences de l'adultère dans la société sont terribles, tant par le trouble et le déshonneur qu'il apporte dans les familles, que par les actes de vengeance qu'il occasionne.

9. La vengeance. — Le premier sentiment de l'homme auquel il est fait un dommage quelconque, c'est de chercher à se venger ; son ressentiment sera d'autant plus vif, sa haine plus profonde, que son amour-propre aura été plus humilié, sa réputation plus atteinte.

Chez beaucoup de peuples, chez les Arabes et les Kabyles, la vengeance apparait comme un devoir auquel seuls faillissent les lâches. Le prix du sang est en maintes circonstances, la seule justice approuvée par l'opinion publique et si un homme meurt avant d'avoir pu se venger ou obtenir satisfaction, il lègue avec ses biens sa vengeance à ses enfants.

De là, entre familles, des querelles et des inimitiés terribles suivies de rixes et de meurtres, encore aggravés par la rivalité des çofs qui divisent profondément les villages et les tribus.

Comme il n'est pas possible à l'homme offensé de mesurer exactement lui-même, la peine à l'offense reçue, la loi du talion n'est jamais appliquée justement.

واين عقبتم فعاقبوا بمثل ما عوقبتم به ولئن صبرتم لهو خير للصابرين

« Quand vous exercez des représailles, qu'elles soient pareilles aux offenses que vous avez éprouvées, mais si vous préférez les supporter avec patience, cela profitera mieux à ceux qui auront souffert avec patience. » (Qoran XVI-127).

De telles pratiques ont pu être tolérées jadis, quand il était presque impossible à l'offensé de se faire rendre justice ; il n'en est plus de même de nos jours. Dès que la plainte est portée à l'autorité, une enquête est ordonnée, les faits sont constatés et le coupable est poursuivi. Celui qui a été lésé est certain que la faute recevra le châtiment qu'elle mérite, car les juges français sont instruits et justes. Celui qui se fait justice lui-même est considéré comme un coupable et il est puni par la loi.

Enfin, la vengeance est un sentiment que la charité réprouve ; les coupables doivent être poursuivis non pas tant parce qu'il nous ont fait du mal, que parce qu'ils sont un mauvais exemple pour tout le monde ; l'impunité encourage le mal.

قول معروف و مغفرة خير من صدقة يتبعها اذى

« Une parole honnête, le pardon des offenses valent mieux qu'une aumône qu'aura suivie la peine causée à celui qui la reçoit. » (Qoran II-265).

La charité nous commande même de rendre le bien pour le mal.

ادفع بالتى هى احسن السيئة نحن اعلم بما يصفون

« Rends le bien pour le mal ; nous savons mieux que personne ce qu'ils disent. » (Qoran XXIII-98).

10. Liberté de conscience et tolérance. — Un de nos devoirs les plus sacrés est la tolérance, conséquence directe de l'une de nos libertés les plus nécessaires et des moins respectées, la liberté de conscience.

Puisque l'homme peut raisonner ses actes et que sa conscience lui permet de les juger, chacun a le droit de penser comme il lui plaît et nul n'a le droit de lui imposer ses opinions. Nous devons évidemment combattre l'erreur sous toutes les formes, poursuivre principalement les préjugés et les superstitions, mais à la condition de recourir à la persuasion et non à la violence.

لا اكراه في الدين قد تبين الرشد من الغي

« Point de contrainte en religion. La vraie route se distingue assez de l'erreur. » (Qoran II-257).

Toutes les opinions sont respectables, quand elles sont sincères. Personne ne peut nous les reprocher, ni même vouloir les connaître, s'il nous plaît de ne pas les manifester.

11. Loyauté. — En revanche, nous avons le devoir de ne pas prendre des engagements que, dans la suite, nous pourrions juger contraires à nos opinions et que, par loyauté, nous sommes tenus de respecter. Le tirailleur qui entre au service de la France, « s'engage à obéir à tous ses chefs en tout ce qu'ils lui commanderont, pour le bien du service et l'exécution des règlements militaires, » pendant les quatre ans de son engagement.

La trahison ou le refus de marcher contre l'ennemi ou contre des rebelles armés, est puni de mort avec dégradation militaire ; le refus d'obéissance sur un territoire en état de siège ou de guerre, est puni de 5 à 10 ans de travaux publics ; le refus d'obéissance dans tous les autres cas, de 1 à 2 ans de prison.

Mais pour les tirailleurs, il n'est point besoin de ces peines ; ils ont toujours fait honneur à leurs engagements et, même dans les circonstances les plus critiques, ont toujours eu le respect de la foi jurée.

12. Devoirs de famille. — Nos devoirs envers nos parents sont encore plus rigoureux, mais ils sont plus aisés à remplir.

L'amour paternel et la piété filiale sont des sentiments innés au cœur de l'homme ; on ne peut même pas nier les instincts d'attachement des animaux pour leurs petits. Tant que la piété filiale reste au cœur d'un homme, si mauvaise que soit sa conduite, on peut espérer le ramener au bien. On a vu de grands criminels qui avaient volé, tué sans trembler, fondre en larmes quand on leur parlait de leur mère. La douceur, la tendresse de celle qui nous a porté dans son sein, qui a guidé nos premiers pas dans la vie, nous laisse un tel souvenir, qu'un proverbe arabe ne craint pas de dire : « La mère aime cent fois mieux que le père. »

Il faut aimer ses parents, mais aussi les honorer, les respecter, quels que soient l'âge et la position où nous soyons parvenus. Seul, le mauvais fils a honte de ses parents.

و قضى ربك ألا تعبدوا إلا اياه و بالوالدين اما يبلغن عندك الكبر احدهما او كلاهما فلا تقل لهما اف و لا تنهرهما و قل لهما قولا كريما واخفض لهما جناح الذل من الرحمة و قل رب ارحمهما كما ربيني صغيرا

« Dieu a ordonné de n'adorer que lui, de se bien conduire envers le père et la mère, soit que l'un d'eux soit atteint de vieillesse, soit qu'ils y soient parvenus tous les deux. Garde-toi de leur montrer du mépris, de leur faire des reproches. Parle-leur avec respect, sois humble avec eux et plein de tendresse, et adresse cette prière à Dieu : Seigneur aie pitié d'eux, comme ils ont eu pitié de moi quand j'étais petit. » (Qoran XVII 24-25).

Ce respect se traduit d'ailleurs chez les Arabes et les Kabyles par des marques extérieures de déférence d'une observation très rigoureuse.

L'enfant doit se montrer reconnaissant envers ses parents de ce qu'ils ont fait pour lui durant son enfance, par ses égards et l'aide qu'il leur donne durant le reste de la vie ; il les mettra à l'abri du besoin dans la vieillesse.

En France, le manque de respect et la désobéissance de l'enfant peuvent être, sur la demande du père, punis de la prison par les Juges. Il en était de même autrefois dans plusieurs tribus kabyles dont la djemâa infligeait une amende au mauvais fils.

Les parents ont le devoir de nourrir, de vêtir et de soigner leurs enfants, selon leurs ressources, mais aussi de les élever dans le bien et de leur donner de l'instruction. Ils ont le droit d'exiger beaucoup d'eux et chez tous les peuples, la puissance paternelle est très forte. Elle alla autrefois jusqu'à disposer de la vie des enfants, ainsi que le rappelle l'Aïd-el-Kebir qui commémore le sacrifice d'Ibrahim. Il n'en reste maintenant que le droit pour le père de corriger l'enfant en le frappant. Mais l'abus de ce moyen de correction est interdit par la loi, aussi bien que par la coutume. Des parents cruels vis-à-vis de leurs enfants, sont des monstres. C'est par l'exemple que le père doit surtout faire de son fils un homme honnête et bon.

L'autorité des père et mère ne suffit pas pour assurer l'union complète dans une famille. Les frères et les sœurs doivent se montrer une affection et une bienveillance mutuelles, s'entr'aider et se faire des concessions pour entretenir la paix et la confiance parmi eux. Rien de plus affreux que les querelles de famille.

13. La solidarité. La Patrie. — Les devoirs d'affection et d'assistance mutuelle existent non seulement dans la famille, mais encore dans la tribu, dont tous les membres doivent se traiter en frères.

Cela ne suffit pas. Pour qu'un pays soit prospère, pour que toutes les familles et toutes les tribus qui le composent vivent dans la paix, le bien-être et l'honneur, chacun doit se sentir atteint par les malheurs de ses voisins connus ou inconnus et souffrir de leurs misères ou de leurs hontes.

Dans chaque pays du monde, il y a entre ses habitants une communauté d'origine ou une communauté d'existence très ancienne. Le climat et la nature du sol leur ont créé des besoins semblables, en leur imposant une manière semblable de les satisfaire. Les intérêts matériels sont donc uniformes. Mais il est un lien plus solide, créé par le souvenir des luttes autrefois soutenues par le peuple pour gagner sa liberté, son indépendance ou pour obtenir un gouvernement conforme aux idées de la race. Ces luttes ont parfois été malheureuses et le pays a été, peut-être, cruellement opprimé ; mais il y a eu des jours glorieux où le dévouement de tous et le génie de quelques-uns ont fait triompher la cause sacrée. Le pays a eu ses martyrs, ses saints, ses héros, ses savants, dont les noms glorieux passent d'un siècle à l'autre siècle, toujours honorés par le peuple et célébrés par les poètes.

Un peuple a une âme à lui comme tout homme a son âme.

La patrie est pour ce peuple, à la fois son pays avec ses terres, ses montagnes, ses fleuves, ses forêts et ses villes ; ses frères de race, anciens, présents et futurs ; son histoire du passé avec ses misères et ses grandeurs, ses idées religieuses et politiques ; son commerce et son industrie avec sa méthode d'agriculture, ses habitudes de se vêtir et de se nourrir ; c'est tout ce qui le distingue des pays voisins. La Patrie, c'est le Drapeau, signe de ralliement de tous les fils du même pays. Pour la Patrie, tout le monde est prêt à donner sa vie, à payer de son bien, à souffrir dans sa liberté ou dans son intérêt particulier.

Voilà ce qu'est la France pour le Français.

Pareils sentiments sont bien difficiles à comprendre pour les Musulmans d'Algérie, et c'est ce qui a toujours causé les malheurs des Berbères, aussi bien que des Arabes. Leur histoire le montre bien. C'est que le patriotisme ne peut naître et grandir que par la connaissance du passé et par l'esprit de solidarité. Pour que chacun connaisse le passé, il faut que ce passé soit raconté dans des livres et que ces livres soient lus par le plus grand nombre des citoyens. Pas d'instruction, pas de Patrie. Le meddah' peut bien raconter et transmettre quelques récits dans une tribu restreinte : mais où est la garantie de la vérité chez ces ignorants qui ne cherchent qu'à exploiter les passions et les préjugés ? Dans la bouche du meddah', le même fait prend des caractères différents, selon que les auditeurs appartiennent à telle ou telle tribu. Les Musulmans d'Algérie ne savent rien de ce qu'ont été leurs ancêtres ; ils s'ignorent ou se haïssent entre eux, aussi bien qu'ignorant le passé des Français et leurs idées, ils croient juste de les mépriser ou de les haïr.

La France veut instruire les Musulmans berbères ou arabes d'Algérie, en leur apprenant à se connaître, à développer leurs belles qualités et à rejeter les défauts qui ont causé leur misère et leur abaissement. La France veut faire, en Algérie, ce qu'elle a fait chez elle au prix de 15 siècles d'efforts souvent douloureux : créer une Patrie dans laquelle Français ou autres Européens, Berbères et Arabes se sentiront tous unis dans le même intérêt et dans la même compréhension de la justice, de l'égalité et de la fraternité.

En attendant que ce beau jour, encore lointain, se lève sur le ciel de l'Algérie, il est facile aux indigènes de comprendre qu'ils ont tout à gagner à se sentir tous, sans distinction de race et de tribu, solidaires les uns des autres et solidaires des Français qui travaillent au milieu d'eux. La solidarité a pour les hommes d'un même pays, la même nécessité et les mêmes avantages que pour les membres d'une famille.

Les Tirailleurs surtout sentiront bien cela, eux qui savent combien les soldats d'une même compagnie, du même régiment, sont liés les uns aux autres par les devoirs communs, par les mêmes besoins et les mêmes droits ; eux qui, sur les champs de bataille, ont su, si souvent, secourir leurs camarades de toute l'armée française au prix de leur sang, et se serrer avec eux autour du Drapeau tricolore.

La patrie des Tirailleurs, c'est la France : elle doit devenir et rester la patrie de tous les indigènes d'Algérie.

2e PARTIE. — SCIENCE ET SUPERSTITION

CHAPITRE 1

La Science — son utilité — ses bienfaits

1. Les Arabes ont eu autrefois des savants. — Il fut une époque pendant laquelle les Arabes furent les premiers parmi les peuples, par les découvertes et par les œuvres de leurs savants. Ces derniers étudièrent et perfectionnèrent la chimie, la géométrie, l'arithmétique, l'astronomie, la médecine, la géographie et l'histoire, tout en restant trop souvent crédules en magie et en diableries ; d'habiles artistes embellissaient les villes et ornaient les maisons.

2. Les musulmans tombent dans l'ignorance. — Puis, tout d'un coup, on cessa d'entendre parler de savants et d'artistes musulmans. L'Islam retomba dans l'ignorance, et c'est à peine si quelques médersas se maintinrent, où l'unique étude, réservée à quelques talebs, fut celle du Qoran et de ses trop nombreux commentateurs. Aussi, lorsqu'au siècle dernier le Sultan des Turcs voulut répandre dans son empire la médecine et quelques sciences pratiques, il dut appeler des professeurs français. A l'heure actuelle, ce sont encore des Français qui enseignent dans les grandes écoles turques. Plutôt que d'avouer cette ignorance, les musulmans lettrés, reniant la renommée de leurs ancêtres, préféraient entretenir dans le peuple cette idée mensongère et absurde que le chrétien doit à des génies mauvais, la vapeur, l'électricité et la vaccine et que les h'arouz d'un t'bib ou d'un marabout valent mieux que les remèdes du médecin français. Beaucoup de musulmans pensent déjà autrement, mais il faut que tous reprennent les exemples des premiers âges de l'Islam.

3. Qu'est-ce que la science ? Qu'est-ce donc que cette science qui effraye les musulmans et attire les chrétiens ? C'est l'examen attentif de tout ce qui existe et de tout ce qui se passe dans le monde et la recherche des causes des plus petits phénomènes de la nature.

La science n'admet rien qui ne puisse être expliqué et prouvé par des faits matériels ou par des calculs basés sur une évidence. La science est indépendante de la religion ; elle n'a pas à justifier les livres saints et rien dans ces livres ne peut l'arrêter. En donnant à l'homme l'intelligence et la raison qui lui permettent de fixer son regard vers le ciel et de s'élever à la compréhension de la Divinité, Dieu a voulu que sa créature continue pour ainsi dire son œuvre jusqu'à fonder par ses efforts persévérants, l'immense royaume où tous les hommes auront, selon leurs mérites, part au bonheur, à la vérité et à la justice.

Quand un homme, après de longues années de méditation et de travail, a trouvé quelque chose, il le fait connaître par un livre. Guidés par ce livre, d'autres hommes vont plus loin, ajoutent de nouvelles découvertes à la première, redressent quelquefois des erreurs commises, et ainsi de suite. Les découvertes des savants d'un peuple se répandent par les livres dans les pays voisins, de telle sorte que rien n'est perdu du travail d'une nation quelconque. De progrès en progrès, on est arrivé, de nos jours, à réaliser des merveilles que le rêve le plus audacieux eût été incapable d'imaginer il y a un siècle ou deux. Et pourtant le travail continue avec passion ; on veut toujours aller plus loin et plus grand est le nombre des savants, plus ils ont pénétré dans les secrets de la nature, plus ils reconnaissent la difficulté et la nécessité de nouvelles découvertes.

4. Découverte de la vapeur. — Quelques exemples montrent comment marche la science et comment les Français l'aident à faire des progrès incessants, soit par leurs propres découvertes, soit par le concours qu'ils apportent aux inventeurs étrangers. Voyez plutôt la vapeur et l'électricité.

Il y a deux cents ans un Français, *Papin*, faisait bouillir de l'eau dans une marmite à couvercle, quand il vit le couvercle se soulever pour laisser sortir la vapeur de l'eau. Cette force de la vapeur soulevant un couvercle de fer, il conçut aussitôt l'idée de s'en servir ; il inventa la machine à vapeur dans laquelle il remplaça la marmite par une chaudière en cuivre et le couvercle par un bouchon en métal. Il ne laissa plus, dans la machine, la vapeur d'eau faire sauter le bouchon comme le couvercle de sa marmite ; il régla la force de la vapeur de façon à ne produire que l'effet dont le bouchon avait besoin pour s'élever d'une certaine quantité, redescendre et remonter ensuite ; il relia le bouchon à une roue qui transmit les mouvements à toutes sortes de machines.

Cette découverte rendit d'immenses services, car, jusqu'alors, pour mettre des machines en mouvement, l'homme n'avait eu à son service que ses propres bras et ceux de ses enfants, ou le travail de ses animaux, comme dans la noria qu'un mulet fait tourner, ou encore l'eau et le vent, comme dans les moulins. Grâce à la vapeur, cent ouvriers obtiennent un travail plus important, plus rapide et mieux fait que ne le produiraient deux mille mains sans elle.

5. Emploi de la vapeur. — Chaque année a amené bien des perfectionnements dus tantôt à des savants, tantôt à des simples ouvriers. Quand l'invention de *Papin* se fut répandue, on chercha à l'appliquer au transport des voyageurs et des marchandises par terre et par eau. Bientôt le premier bateau à vapeur navigua sur une rivière, mais combien lentement. Puis la locomotive fut inventée par deux Anglais et par un Français ; on construisit le rail et des trains de chemin de fer réunirent des villes éloignées. Elle faisait alors 20 kilomètres à l'heure ; elle en fait 100 maintenant. Récemment la voiture à vapeur, l'automobile, a donné le moyen d'utiliser les routes ordinaires avec une vitesse qui dépasse 100 kilomètres. Et ces machines admirables qui font presque seules le travail le plus délicat, et la charrue à vapeur, que d'autres services immenses l'invention de *Papin* a permis de rendre aux hommes !

6. Le fer et l'acier. — Il serait trop long d'énumérer toutes les ressources, tous les efforts, tous les travaux qui ont permis de tirer un tel parti de la vapeur. Un progrès d'un côté en prépare toujours de nouveaux dans d'autres directions. Ainsi, pour construire des machines à vapeur de plus en plus puissantes, il fallait du métal toujours meilleur.

Le fer et la fonte n'étaient ni assez résistants, ni assez légers, et ils étaient trop chers. Un savant imagina le procédé qui fournit l'acier. Un autre rendit moins cassant et pourtant plus facile à travailler, cet acier qui servit pour les couteaux, les instruments de chirurgie, les outils, les ressorts, les armes, les projectiles, les canons et les plaques de blindage des navires de guerre. Les usines françaises ont exécuté des moulages d'acier du poids de 40.000 kilogrammes sans le moindre défaut et des pièces d'acier forgé pesant plus de 13.000 kilogrammes. On a fabriqué encore l'acier nickelé, que l'air humide ne rouille pas, et l'acier chromé que les balles traversent difficilement.

Avec l'acier, on construit des ponts de 220 mètres de long, sans support au milieu, tandis qu'il y a 50 ans, un régiment français périt dans la Loire, parce qu'un pont en fer s'était rompu sous son poids.

Rien de ce qu'on peut voir au Moghreb ne peut donner une idée de ce que sont les immenses usines de France où travaillent des milliers d'ouvriers.

7. L'électricité. — Après la vapeur, la découverte la plus importante fut l'électricité. Qu'est-ce que l'électricité ? par un temps sec, prenez une feuille de papier, chauffez-la devant un grand feu, puis, en la tenant par les deux bouts, frottez-là sur un morceau de drap chaud. Après avoir ainsi frotté la feuille de papier, saisissez-la d'une main par un bout et approchez l'autre main du milieu de la feuille de papier ; vous en verrez sortir dans l'obscurité, un trait de feu en zigzag qui ressemble à un très petit éclair ; on appelle cela étincelle électrique et la cause qui la produit, l'électricité. Cette électricité, on ne sait pas encore exactement ce que c'est et cela a déjà été une belle chose de la découvrir, d'en étudier les propriétés et de l'utiliser.

C'est un américain, *Franklin*, qui, le premier, soupçonna l'existence de l'électricité dans les nuages orageux et indiqua le moyen de le vérifier. Trois savants français firent aussitôt cette expérience : elle réussit parfaitement. Un autre français ayant eu l'idée d'aller chercher l'électricité dans les nuages au moyen d'un cerf-volant, *Franklin* se hâta de l'essayer ; en présentant son doigt près de la ficelle d'un cerf-volant, il en retira des étincelles.

Les principales applications de l'électricité sont : le télégraphe électrique qui permet d'envoyer des nouvelles autour de la terre ; un instrument est établi au départ et un autre à l'arrivée ; un fil de fer les unit. En appuyant d'une certaine façon sur l'instrument du départ on fait circuler l'électricité dans le fil et cette électricité fait fonctionner l'instrument de l'arrivée. Selon la durée pendant laquelle on appuie sur l'instrument, on transmet des signes dont la valeur est convenue et qui représentent les lettres de l'alphabet. — Le téléphone, à l'aide duquel on peut causer avec quelqu'un aux plus grandes distances ; — le graphophone qui enregistre les paroles prononcées devant lui et les répète plus tard, quand on le veut, avec le son de la voix de la personne qui a parlé ; — la télégraphie sans fil à l'aide de laquelle on a pu communiquer d'Europe en Amérique, à travers l'Océan Atlantique. Ce système imaginé depuis moins de 10 ans, est merveilleux, puisqu'il n'y a plus besoin de fil de fer entre le départ et l'arrivée ; — la lumière électrique qui remplace le gaz dans beaucoup de villes ; — la chaleur électrique qui fournit des températures extraordinaires ; — les chemins de fer, les tramways, les usines et les bateaux sous-marins, dans lesquels on utilise l'électricité à la place de la vapeur pour mettre en mouvement les locomotives, l'outillage mécanique et l'hélice des bateaux.

Pour garantir les habitations des effets de l'électricité des nuages, de la foudre, *Franklin* inventa le paratonnerre, cette tige de fer que l'on voit au sommet des poudrières et que relie au sol un fil de métal par lequel s'écoule dans la terre l'électricité des nuages orageux qui passent.

8. Utilisation de l'air et de l'eau pour le travail. — La vapeur et l'électricité n'ont plus suffi à l'homme comme organes du mouvement, il a voulu faire plus et un savant a réussi à utiliser l'air en le comprimant comme de la vapeur d'eau ; dans plusieurs villes de France il y a des voitures à air comprimé. Un savant a pu changer l'air, cet air que l'on respire, en un liquide qui bientôt pourra, comme la vapeur, agir soit sur l'outillage des usines, soit sur les machines qui produisent l'électricité. En attendant qu'on en arrive là, on a déjà fait avec cet air liquide mélangé à d'autres matières, des cartouches pour faire sauter les rochers dans les mines en supprimant les accidents trop fréquents de la poudre ou de la dynamite.

Jadis les savants arabes et après eux les savants chrétiens, s'acharnaient à trouver le moyen de fabriquer de l'or avec toutes espèces de choses et en appelant à leur aide la magie. C'est mieux que de l'or qu'obtiennent les savants de nos jours.

Ne croyez pas que ces admirables découvertes fassent délaisser les forces connues de tout temps, le vent et l'eau. Mais on a perfectionné le moulin à vent de manière à tirer parti du moindre souffle d'air et en l'employant à côté d'une machine à vapeur ou à électricité. Quand il n'y a pas de vent, c'est la machine à vapeur ou à électricité qui fonctionne. Dès que le vent s'établit, c'est le moulin à vent qui la remplace et économise ainsi le charbon ou l'électricité.

L'eau de son côté, ne sert pas seulement à faire tourner les moulins, comme vous le voyez en Algérie ; elle met en mouvement des machines qui produisent l'électricité comme à Constantine, à Miliana, etc. Dans certaines villes de France voisines des grandes montagnes, l'eau met en mouvement, quelquefois de très loin, les métiers de tous les tisserands de la ville, dans leurs propres maisons. Au lieu d'être forcés de se réunir dans une usine, les ouvriers travaillent à leur aise, dans un air sain, au milieu de leur famille. Voilà les bienfaits que la science apporte au corps et à l'âme de l'homme dans un peuple qui s'instruit sans cesse.

9. L'agronomie. — L'agronomie est la science qui étudie la nature des terrains, les arbres et les plantes qui leur conviennent, les animaux nuisibles ou utiles aux cultures et aux cultivateurs.

En agriculture on considère d'abord les pierres différentes qui forment le sol et la terre végétale qui les recouvre. Puis il importe de connaître la nature du fond du sol ; si ce fond est argileux, par exemple, il retient l'eau, et la terre végétale est humide ; s'il est constitué par la pierre à bâtir, l'eau s'écoule facilement et la terre végétale est sèche, etc. Une plante ne vit pas également bien dans l'un et dans l'autre de ces terrains et en tout cas, si le terrain ne convient pas à la plante, il faut le travailler de certaine façon. Pour que les grains puissent germer, il faut que la terre végétale ait été remuée, afin que l'air la pénètre ; il y a donc de bonnes et de mauvaises habitudes de semer et de labourer et si Arabes et Kabyles d'Algérie ne fermaient pas les yeux pour ne pas voir, ils n'oseraient pas, comme ils le font en trop grand nombre, s'entêter dans leurs labours insuffisants quand le colon français leur montre des terres rapportant le double des leurs.

On augmente la récolte d'un champ en l'engraissant, car ce n'est pas autre chose que fait le propriétaire qui ajoute à sa terre soit du fumier sorti des écuries, soit d'autres terres plus riches, de la cendre, de la chaux ou de ces phosphates que l'Algérie fournit en grande quantité à l'Europe : toutes ces matières se nomment engrais.

Avant de les employer il est nécessaire de connaître la composition du sol et, de plus, le choix des engrais ainsi que la quantité à employer par hectare devront varier avec la plante cultivée. Voilà ce qu'apprend l'agronomie et ce qu'enseignent aux colons français des professeurs choisis par le Gouvernement. Qui empêche l'indigène de s'instruire comme le colon ? Et s'il n'est pas assez riche pour acheter de belles charrues et d'autres machines, pourquoi ne s'associe-t-il pas avec ses voisins de la mechta. Il faut, pour commencer, une petite avance d'argent, mais on la rattrape bien vite à la récolte. D'ailleurs les sociétés de prévoyance, dont il sera parlé plus loin, leur faciliteront ces achats ; et le Gouvernement général a fait essayer de nombreux modèles de charrues très simples, peu coûteux et se rapprochant le plus possible des charrues indigènes tout en travaillant beaucoup mieux. Une centaine de ces charrues ont été données à des propriétaires pour leur en faire apprécier les grands avantages.

L'Arabe fait paitre à ses troupeaux les herbes de la plaine ou de la montagne et leur fait détruire les arbres sans souci des maux qu'il se prépare ainsi ; le colon a créé des prairies qui réclament un système d'irrigation, mais qui sont d'une culture plus facile que le blé ; il y sème du foin, du trèfle, du sainfoin et de la luzerne qui engraissent bien mieux les animaux que les herbages naturels. Et combien d'autres moyens sont enseignés par les savants pour utiliser les résidus de fabrication de l'huile ou du sucre !

Toute plante, herbe, tige de blé ou d'orge, pied de vigne ou arbre est chose vivante exposée à des maladies. Quelle reconnaissance ne doit-on pas aux hommes qui emploient leur intelligence et leur vie entière à étudier ces maladies et à rechercher les remèdes pour les empêcher de faire souffrir la plante ou pour la guérir. Aucune de ces plantes plus que la vigne, qui est une des grandes richesses de la France et de l'Algérie, n'a bénéficié de ces travaux magnifiques et la lutte entre les maladies de la vigne et ses médecins, qui ont presque toujours la victoire, est une des choses les plus curieuses de notre temps. Mais bien d'autres arbres à fruits ou très utiles ont été sauvés de la même façon ou le seront dans l'avenir.

Les Kabyles ont été de tout temps d'excellents jardiniers et ils pourraient, s'ils voulaient, faire de grands progrès utiles pour eux mêmes et pour toute l'Algérie. Qu'ils plantent donc des arbres par milliers autour de leurs champs et de leurs villages, comme on le fait en France le long de tous les chemins partout où il y a de la place. Ce n'est pas bien compliqué ! Il y a presque partout des pépinières et là où il n'en existe pas, il serait bien aisé aux djemâas d'en créer. Les professeurs diront quels sont les arbres qui réussiront le mieux dans chaque pays et dans chaque terrain : le mûrier et l'olivier dans des terrains secs, le châtaignier et le noyer dans les parties montagneuses, le poirier, le cerisier et le pommier dans des terres de bonne qualité des pays élevés de l'Algérie, etc. Il n'est pas ensuite bien difficile d'apprendre à greffer et à tailler les arbres ; beaucoup de jeunes gens Arabes ou Kabyles qui travaillent chez les colons savent très bien le faire.

L'arbre n'est pas seulement précieux parce qu'il donne ses fruits et son bois, toujours faciles à vendre, et sans exiger beaucoup de soins, mais parce qu'il est le meilleur protecteur contre la sécheresse. Celui qui, pour se procurer de l'argent de suite, ou pour se dispenser de fournir par son travail de la nourriture à ses bestiaux, détruit les broussailles jusqu'à la racine et coupe les arbres, est un malfaiteur qui cause la ruine de tous ses frères. Il mériterait d'être puni comme le bandit qui incendie une meule ou un champ. L'indigène qui sait si habilement aménager l'eau pour l'arrosage de son jardin doit apprendre le rôle des arbres et des plantes pour faire pleuvoir plus souvent ou pour conserver l'eau dans les oueds au lieu d'en faire une cause de ruine. Là encore, la science nous dit la raison de toute chose et nous donne les remèdes au mal. Bien coupable et bien sot celui qui s'entête dans sa routine. C'est en faisant produire davantage à son champ, grâce au labour et aux engrais que le propriétaire doit chercher à augmenter son bien, non en défrichant les pentes raides des montagnes dont les pluies entraineront alors la terre en coulant rapidement vers l'oued voisin.

Les auxiliaires de l'homme pour mettre en valeur la terre et les plantes sont les animaux. L'agronomie donne sur leur organisation des renseignements utiles pour les améliorer, en choisissant les espèces et en les croisant avec intelligence, ensuite pour les élever et pour obtenir d'eux un travail qui ne les use pas. Et ce n'est pas seulement vrai pour les chevaux, les bœufs et les moutons ; les Arabes du sud savent déjà comment on préserve leurs troupeaux de la maladie, comment on élève des chevaux se vendont plus chers. Tous les propriétaires ou Khammès devraient apprendre à faire produire des poules, des œufs, du miel ayant plus de valeur, à élever comme en France, avec les feuilles du mûrier, ces vers qui fabriquent la soie si appréciée par les Arabes comme par les étrangers, etc. Si, des animaux utiles, on passe aux animaux nuisibles, c'est la science encore qui a permis de combattre efficacement ces fameux criquets, si redoutables, contre lesquels les gens du Moghreb étaient impuissants avant la colonisation française, etc....

10. Enseignement agricole. — Combien d'autres questions pourraient être touchées ainsi pour en revenir toujours aux avantages de l'instruction. Le cultivateur français, au fur et à mesure que la science s'est répandue, a appris sans s'en douter l'agriculture ; son expérience quotidienne, son travail, lui en a fait trouver les applications multiples, et l'Etat prévoyant a chargé dans chaque département, des professeurs d'agriculture de faire des conférences dans les villages et de divulguer les progrès faits par certains pour le plus grand bien de tous.

Le Gouvernement français a-t-il été moins généreux pour l'Algérie ? Non, certes, quatre mois après le débarquement à Sidi-Ferruch, il donnait une ancienne ferme du Dey dans la Mitidja à une société pour y essayer la culture des produits coloniaux. Et depuis ? Sans s'arrêter aux détails, on voit les soldats pendant la période même des guerres, déposant les armes dès que les hostilités cessaient pour prendre la pioche et la pelle appliquant la maxime du Maréchal Bugeaud : « par l'épée et par la charrue. »

Aujourd'hui les institutions agricoles de l'Algérie comprennent : 1° des assemblées qui s'occupent de tout ce qui intéresse l'agriculture dans la colonie : soins des troupeaux, prix du transport en chemins de fer, culture de l'olivier, pépinières des communes, défense contre le déboisement, etc. Des propriétaires indigènes en font partie ;

2° des sociétés de crédit agricole auxquelles la France a fait une avance de trois millions à leur fondation et auxquelles les agriculteurs peuvent emprunter, sans crainte de tomber dans les mains d'usuriers guettant l'occasion de faire vendre leurs biens ;

3° des sociétés de prévoyance indigènes dont il sera parlé plus loin ;

4° des professeurs d'agriculture avec des fermes modèles et des champs d'expérience ; des écoles d'agriculture comme à Rouïba, à Philippeville, etc. Tous les instituteurs savent donner de bons conseils sur les travaux des champs.

En résumé, les terres des colons instruits et soutenus sont plus fertiles que celles des indigènes ignorants et sans appui : un grand agriculteur français avait raison de dire : « Tant vaut l'homme, tant vaut la terre. »

11. Autres sciences. — Tout ce qui précède ne peut donner qu'une très faible connaissance des prodiges créés par les travaux de centaines de savants, remplacés toujours par des centaines d'autres et auxquels le Gouvernement fournit toutes les ressources nécessaires pour leurs expériences et leurs recherches. La science est devenue tellement vaste qu'il n'y a plus d'homme capable de l'embrasser tout entière. L'étude du ciel, c'est-à-dire de la nature des astres, soleil, lune, planètes, l'étude des phénomènes de l'air, vents, orage, grêle, l'étude de l'intérieur de la terre et des tremblements de terre, rien n'est oublié. En France, n'a-t-on pas réussi en bien des cas, à préserver les cultures des ravages de la grêle ou de la gelée ? On commence à prévoir à l'avance les changements de temps ! On fabrique les couleurs les plus brillantes avec du charbon de terre qui fournit aussi des médicaments nouveaux. La photographie inventée il y a 60 ans, a fait de tels progrès, qu'elle permet de dresser la carte du ciel, d'obtenir à plusieurs kilomètres de distance, l'image d'un pays. Des hommes se sont mis à l'étude des profondeurs immenses de la mer, pour connaître la nature du fond, aussi bien que les plantes et les animaux de toutes sortes qui y vivent. D'autres veulent que l'homme puisse naviguer dans l'air comme sur la mer, et les résultats remarquables déjà obtenus font espérer que bientôt les ballons traverseront l'espace avec autant de sûreté qu'un navire sillonne l'océan.

Enfin, tout en travaillant à des découvertes, la science moderne a voulu connaître toute la vie passée de la terre et du genre humain. Les langues les plus anciennes sont retrouvées et les français en savent déjà plus sur la langue des Berbères que les Berbères eux-mêmes.

Les anciennes villes détruites sont retrouvées, l'histoire des peuples est écrite d'après les ruines et les tombeaux.

Comment ne pas sourire du taleb orgueilleux qui s'imagine être un puits de science parce qu'il sait lire le Qoran et écrire en arabe, ou du tirailleur qui croit mériter toutes les récompenses parce qu'il lit et écrit un peu le français.

CHAPITRE 2

Médecine et Chirurgie

1. Science de l'homme. — La première des sciences utiles est la connaissance du corps humain. Il ne suffit pas de savoir que pour vivre il faut respirer, c'est-à-dire aspirer et rejeter de l'air par le nez et par la bouche, il faut connaître le travail du cœur et des poumons et comment le sang court dans les artères et dans les veines. Ce sang est renouvelé par le liquide venant, à travers l'estomac et l'intestin, de la bouche où nos dents ont mis en bouillie les morceaux de pain et de viande que nous y avons introduits ; il faut donc étudier la digestion.

On commence par apprendre la nomenclature des parties du corps pour pouvoir en suivre le fonctionnement. Si on met la main sur le bras ou sur la jambe, on sent sous la peau des parties dures, ce sont les os ; leur ensemble, le squelette, comprend les os du crâne et de la face, la colonne vertébrale, les os des membres supérieurs, de la poitrine, du bassin et des membres inférieurs.

Les os soutiennent, comme une charpente, les organes cités plus haut, indispensables pour exister, et aussi ceux par lesquels nous éprouvons des sensations ; nerfs, moelle épinière et cerveau. C'est par les nerfs qu'en approchant la main du feu, nous ressentons qu'elle va brûler.

Nous avons dans tout le corps, à côté des artères et des veines, de petits filets blancs reliés au long cordon blanc enfermé dans la colonne vertébrale et appelé moelle épinière. La moelle épinière se termine par une masse placée dans le crâne, c'est le cerveau. Le cerveau reçoit l'impression des sensations transmises par les nerfs et par la moelle épinière. Sous l'influence des sensations, le cerveau donne aux nerfs l'ordre d'exécuter des mouvements, comme de faire lever la jambe ou le bras.

Les sensations sont au nombre de cinq, d'où le nom commun des cinq sens donné à la vue, à l'ouïe, à l'odorat, au goût et au toucher.

Les yeux sont les organes de la vue. La lumière pénètre dans l'œil par la pupille et le nerf optique la transmet au cerveau. Les sons recueillis par l'oreille entrent dans un conduit, frappent une peau tendue comme celle d'un tambour, le tympan, et le nerf acoustique les transmet au cerveau.

Sur la langue, vous voyez de petites saillies ; ce sont les extrémités des filets du nerf qui transmet au cerveau la sensation du goût.

Le nez est l'organe de l'odorat.

Le sens du toucher est répandu sur tout le corps ; le bout des doigts est particulièrement sensible.

Quand on a acquis ces notions et celles qui en découlent, on comprend et on peut expliquer comment la vie s'exerce, comment il faut manger et boire, pourquoi il faut respirer de l'air pur, pourquoi l'on doit assurer la bonne tenue du corps, pourquoi on le développe par l'exercice et par la gymnastique. On en déduit les conseils à donner pour la santé générale dont les bases sont : le choix de l'eau, l'entretien de la maison et les soins du corps, ces soins que prescrivait déjà le Prophète.

2. La médecine. — L'art médical arabe a été brillamment représenté jadis, au temps où les médecins musulmans traduisaient les livres grecs et joignaient à ces connaissances les enseignements de leur propre expérience ; aujourd'hui, il est tombé bien bas.

Quelques préceptes justes, quelques pratiques utiles, mais appliquées sans discernement, la trépanation faite souvent sans raison et dans de mauvaises conditions, des h'arouz (talismans), voilà tout ce qui reste de science chez les médecins arabes. Ils ont oublié quantité de remèdes utiles recommandés autrefois par leurs savants. Ils préconisent le koh'oul et le toutia (sulfate de cuivre), pour la vue, le h'enné pour toute sorte de maux, le souak (écorce de noyer), pour les dents, le soufre pour la gale ; ils cautérisent avec la pointe d'un couteau rougie au feu ; ils abandonnent au h'adjdjam (chirurgien) le soin de la saignée dont ils abusent et emploient pour guérir la çefia (blennorhagie), la vérole et les ulcères si fréquents, des remèdes qui font presque toujours beaucoup plus de mal que de bien. L'Algérie renferme de nombreuses sources d'eau chaudes ou froides qui ont de très bons effets sur certaines maladies ; les indigènes le savent et les fréquentent, mais ils n'en profitent que fort peu parce qu'au lieu de régler d'après la science l'emploi de ces eaux, le t'bib se borne souvent à prescrire de porter une amulette (h'erz). Il ne dit pas aux malades, comme le médecin français, de boire tant de verres d'eau ou de prendre tant de bains pendant tant de jours, mais d'aller à la source un jour précis et à telle heure, de boire et de se baigner, après avoir visité une qoubba et porté une amulette vendue par lui. Le malade n'est pas guéri. Que voit-on encore dans les douars ? On fait disparaître une extinction de voix en buvant le sang d'un merle étouffé ; sur les plaies et les fractures on met de l'huile ou de la résine, etc....

Il ne peut pas en être autrement. Le t'bib arabe ou l'amdaoul kabyle n'ont aucune connaissance de la construction du corps humain et de la place exacte ou du travail de chaque organe. C'est par l'expérience transmise, mais de plus en plus modifiée, de génération à génération, qu'ils acquièrent leurs petites connaissances. Quelques-uns en revenant de la Mecque s'arrêtent quelques semaines ou quelques mois dans une ville d'Egypte ou de Tunisie et servent un t'bib connu ; ils retiennent par cœur la composition de quelques remèdes, apprennent à distinguer quelques plantes et matières simples et reviennent au plus vite chez eux. Mais ce t'bib égyptien ou tunisien ne possède lui-même aucune science ; il a seulement une quantité plus grande de remèdes et quelques vagues idées sur la nature des maladies.

Le médecin français avant d'avoir la permission de donner des soins aux malades, est obligé de travailler sans cesse, depuis l'âge de 10 ans jusqu'à 25 ans au moins. Après avoir étudié dans les écoles et subi plusieurs examens difficiles, il entre dans une école de Médecine où il reste pendant cinq ans et dont les professeurs ont été nommés par le Gouvernement, après des concours, ne laissant recevoir que des savants remarquables.

Chaque jour l'étudiant assiste dans les hôpitaux aux soins donnés aux malades par les meilleurs médecins ; il apprend donc à la fois dans les livres et en regardant les malades.

La plupart des indigènes ont reconnu depuis longtemps la différence entre le t'bib et le médecin français et, quand ils le peuvent, ils ne manquent pas de consulter le médecin français. Mais habitués aux manières de leur t'bib, ils ne savent pas donner des renseignements sur leur santé ; ils s'étonnent que le médecin ait besoin de voir leur femme pour la guérir et ils ne veulent pas la lui montrer ; ils voudraient qu'en les regardant le médecin devinât leur mal, oubliant le proverbe arabe : « Si tu ne dis pas au médecin toutes les souffrances, tu te soustrais au remède. »

Puis si le médecin leur a donné un remède qui ne guérit pas de suite, ils sont mécontents et répètent aux autres :

سل المجرب ولا تسال الطبيب

« Consulte le galeux plutôt que le médecin. »

Quels sont les résultats de cette ignorance ? La fièvre et les maladies du cerveau sont fréquentes ; la vérole avec ses accidents multiples exerce les plus cruels ravages. Les maux d'yeux n'ont pas le plus souvent d'autre origine, et ce fléau devient redoutable avec la contagion activée par la chaleur ou par le manque de soins et de traitement. Au lieu de la vaccine, si simple et si utile, que le médecin français emploie pour garantir de la variole (djedri), les gens d'un village où cette terrible maladie éclate, préfèrent ouvrir les boutons d'un malade, même défunt, pour introduire le pus, avec un couteau, dans leur main et dans celle de leurs enfants, ce qui ne manque pas de répandre le mal et d'augmenter le nombre des victimes. Vous qui voyez tous les jours les médecins militaires guérir et arracher même vos frères à la mort, vous devez raconter dans vos familles et à vos amis les soins dévoués qui vous ont été donnés à l'infirmerie et à l'hôpital, en expliquant comment les médecins vous questionnent, comment les infirmiers vous soignent, enfin comment la propreté parfaite, le choix de la nourriture et la pureté de l'air dans les chambres sont regardés comme des choses aussi importantes que les remèdes.

3. La chirurgie. — Les Arabes n'ont jamais poussé l'étude de la chirurgie aussi loin que celle de la médecine. Il y eut bien dans l'ancien temps quelques chirurgiens arabes célèbres, mais cet art fut délaissé par eux pour tomber entre les mains du h'adjdjam qui, seul à l'heure actuelle, pratique la chirurgie. *Ibn Zohar et Abou El Gaci* connaissaient la ligature des veines avec un fil.

De nos jours, le h'adjdjam ne fait comme chirurgie, que l'extraction des dents et la saignée.

Pour le médecin français, la construction du corps de l'homme n'a pas de secret, il connaît toutes les veines, les longues comme les courtes, les muscles, les jointures et les os. Quand le malade lui a expliqué son mal, le médecin sait exactement où en est la cause et quels sont les organes, les nerfs ou les veines qui se trouvent aux environs.

Ajoutez à cela, qu'il a une quantité d'instruments de formes diverses, pour opérer sur toutes les parties du corps de la façon la plus rapide et la plus sûre. Depuis plusieurs années, la science a découvert le moyen d'éviter la douleur au malade que l'on opère ; si bien que l'on peut ouvrir ses chairs sans qu'il ne ressente rien : « Calmer la douleur, a dit Ali-Abbas, est faire œuvre sainte. »

On évite aussi de répandre le sang, la source de la vie, car tous les vaisseaux que l'on ouvre sont liés au fur et à mesure et très peu de sang est perdu. Avec les remèdes nombreux qu'il connait, le médecin français guérit les plaies. Mais la première des conditions pour que les soins réussissent c'est d'être propre et de n'employer que des linges que l'on a fait bouillir.

Le médecin sait remettre en place les os déplacés, et les raccommoder s'ils sont cassés parce qu'il sait exactement comment ils doivent être placés. Cependant tous les accidents ne sont pas guérissables, évidemment le médecin ne peut pas guérir tous ses malades de même que les médicaments ne réussissent pas toujours.

Le médecin peut même se tromper parfois, car ce qui guérit c'est la nature, c'est Dieu, dont le médecin n'est que l'aide, mais un aide éclairé, instruit, consciencieux et comprenant l'œuvre divine. Un grand médecin militaire a dit : « Je l'ai soigné, Dieu l'a guéri. »

Comme toutes les autres sciences, la médecine et la chirurgie font tous les jours de nouveaux progrès et la chimie leur fournit des remèdes de plus en plus nombreux, simples et sûrs. Ainsi, Maillot, un médecin militaire, a rendu à l'Algérie le plus grand bienfait en imaginant de soigner la fièvre par la quinine. Grâce à lui, des milliers d'existences ont été épargnées. Les Algériens reconnaissants lui ont élevé un monument à Alger.

4. L'hôpital. — L'hôpital inspire à la grande majorité des indigènes civils une répugnance qui n'est pas raisonnable ; il est juste de dire qu'il n'y a pas bien longtemps, il en était de même, quoique pour des motifs différents, pour beaucoup de Français.

Quelle différence pourtant entre le malheureux qui grelotte la fièvre et souffre toutes les douleurs dans son gourbi ou dans sa maison, au milieu de ses parents et de ses animaux, livrés à des gens incapables de le soulager, et celui qui est dans un hôpital ! Le premier ne peut attendre qu'un miracle de Dieu, le Miséricordieux, pour revenir à la santé et nourrir ses enfants. Ce miracle, Dieu ne le fait pas toujours ; mais il a donné à l'homme le pouvoir de se soigner et de se guérir dans une large mesure.

L'hôpital est bien connu des tirailleurs. Où ont-ils vu une maison mieux bâtie, avec ses bons lits, ses chambres claires et propres. Pour ceux qui sont habitués à la cuisine militaire, il n'est pas fait de cuisine particulière, mais pour les musulmans civils qui le demandent, on prépare les aliments qui leur sont habituels. A l'hôpital, le malade est respecté comme la créature de Dieu ; médecins et infirmiers français seraient déshonorés s'ils n'avaient pas pour lui toute bonté et tout dévouement. Peut-il marcher, il y a toujours dans l'hôpital un jardin et des cours avec des bancs, des arbres et des fleurs.

Le médecin visite les malades tous les jours et plusieurs fois par jour, si leur maladie est grave. Jour et nuit, un infirmier est à la disposition du malade pour l'aider dans son lit, l'habiller, lui apporter la nourriture et les remèdes. S'il s'agit d'une femme, elle occupe une chambre séparée de celles des hommes et les soins lui sont donnés par des femmes choisies pour cela.

Pour les malades pauvres, le séjour à l'hôpital ne coûte rien.

Voici d'ailleurs ce que raconte dans une qacida (pièce de vers), sur l'hôpital français, *le cheikh Mah'med Er Remaoun, homme vénéré de Nedroma* : « Si j'avais des richesses, je les partagerais » avec l'hôpital ; n'y suis-je pas demeuré quarante-cinq jours sans » éprouver ni gêne, ni ennui ! Moi qui ai observé et visité l'hô- » pital en détail, je dis que c'est une institution précieuse pour les » pauvres comme pour les riches. Le pays sans médecin, on de- » vrait le fuir ; c'est un péché d'y habiter, je le dis sans craindre » la contradiction. »

Cependant le Gouvernement a pensé que, puisque beaucoup de musulmans redoutaient l'hôpital français, il était juste de leur procurer d'autres moyens de faire soigner leurs maladies. Il a commencé à créer des maisons où les indigènes pauvres vont se faire visiter par les médecins, recevoir des médicaments et faire soigner leurs plaies s'il est nécessaire. Ces maisons, où les malades ne couchent ni ne mangent, s'appellent des dispensaires. Il y en a de particuliers pour les femmes et à Alger le médecin est une dame française ayant toute l'instruction et les capacités des autres médecins. Enfin on a créé un peu partout de petits hôpitaux où les musulmans seuls sont reçus. Dans d'autres, des salles spéciales sont préparées où les indigènes, vêtus et couchés à leur habitude, recevront des aliments préparés exprès. Ces diverses créations vont être multipliées, car le Gouvernement l'a ordonné et d'ailleurs il est aidé par beaucoup de riches musulmans qui donnent de l'argent ou du matériel pour ces nouveaux hôpitaux.

CHAPITRE 3

Les Superstitions

---

1. L'ignorance est la mère de la superstition. — Il y a dans le monde beaucoup de faits difficiles à expliquer et à comprendre. Les uns ont des causes et des effets visibles ; peu à peu la science découvre les unes et les autres et, seuls, les ignorants continuent à les attribuer à des puissances cachées, malfaisantes ou bienfaisantes, selon les conséquences qu'ils en éprouvent. D'autres faits restent au contraire mystérieux pour tout le monde. Qu'était-ce donc lorsque, dans les temps anciens, l'idée du Dieu unique, créateur et maître du monde, qui avait guidé Adam et ses premiers descendants, se fut peu à peu obscurcie. Effrayé par la tempête, par le grand vent qui déracinait les arbres, par l'eau qui inondait la terre, par le feu, par le bruit des forêts, par la foudre, par ces lueurs qui apparaissaient le soir dans certains champs, par les changements dans le cours des astres, l'homme si misérable, si isolé dans la nature sauvage et si craintif, crut reconnaître dans toutes ces forces, des ennemis et des protecteurs. Il pensa aussitôt à apaiser la colère de ses ennemis et à s'assurer les faveurs de ses protecteurs ; prêtant à ces forces redoutables des sentiments et des besoins semblables aux siens, il imagina des prières, des dons et des moyens de conjuration en rapport avec la faiblesse de son intelligence à peine éveillée. Il existe encore au centre de l'Afrique, comme dans quelques îles perdues de l'Océanie, des tribus sauvages qui représentent l'état de cet homme des premiers âges ; ce sont les hommes à fétiches, qui auront bientôt disparus tout-à-fait au contact des peuples européens.

Malgré ces croyances primitives, qui furent aussi variées que les races et les pays, l'intelligence des hommes s'était développée et des civilisations brillantes étaient nées ; pourtant, presque partout on adorait des idoles, on croyait à plusieurs dieux, représentant chacun soit une force de la nature, soit un principe bon ou mauvais et, ces idoles ou ces faux dieux, on continuait à mériter leurs bienfaits ou à éloigner leurs maux par les mêmes moyens que précédemment. Du reste, à côté des dieux principaux, l'imagination des peuples avait continué à se créer des centaines de djenoun (génies) et de chiat'en (démons) dont ils peuplaient les eaux des rivières ou de la mer, les vents, les bois et les rochers.

Les religions proclamant le Dieu unique, comme celles de Jésus et de Mohammed ne réussirent pas à détruire ces croyances. Il arriva même que le plus grand nombre des hommes mélangèrent instinctivement leurs anciennes coutumes au culte rendu à Dieu et que de la religion l'ignorance et les passions firent naître des erreurs.

Dieu n'a pas permis encore à l'homme de pénétrer tous les secrets de la création et il n'appartient à personne de savoir jusqu'où il lui permettra de le faire. Si donc la religion d'un côté et la science de l'autre restent muettes sur tant de questions, il n'est pas étonnant que, même parmi les gens sages et instruits, il y ait encore place pour bien des opinions dont on ne peut démontrer ni la vérité ni l'erreur. Alors on doit être indulgent pour les gens qui ne connaissent ni complètement la religion, ni rien ou à peu près de la science. Cette indulgence n'empêchera pas qu'il soit utile de faire disparaître les idées et les pratiques dont la fausseté est maintenant bien établie et qui ont des conséquences mauvaises pour le bien de chaque homme ou pour la vie en société.

Le chrétien d'Europe et de France n'a eu jadis rien à envier au musulman du Moghreb pour la superstition, et celle-ci a causé souvent des crimes ou des malheurs ; elle a longtemps gêné l'œuvre de bonté, de charité et de justice que Jésus vint commencer dans le monde, car l'esprit d'erreur a toujours soufflé sur les hommes. C'est par l'instruction de plus en plus répandue et par le progrès de la religion elle-même que ces superstitions disparaissent en France. Le même moyen aura en Moghreb les mêmes résultats. Dans les deux pays, l'ignorance est la mère de la superstition.

2. La religion et la superstition. — Etre superstitieux, c'est croire au pouvoir surnaturel de certains hommes, aux effets merveilleux de certaines pratiques, aux présages et aux songes. La superstition ne saurait être confondue avec la religion. Pour le musulman, être religieux c'est croire à Dieu et en son prophète, faire le bien, renier les œuvres mauvaises, honorer la mémoire des saints envoyés par Dieu pour servir de modèle aux hommes, enfin observer les prescriptions du Livre qui ont trait aux lois et aux mœurs. Mais c'est abandonner la vraie religion que de prêter attention aux pratiques des gens qui disent connaître la magie et de croire à une foule d'idées superstitieuses trop répandues dans le Dar El Islam.

La superstition est d'ailleurs formellement interdite par la loi de l'Islam. Chez les Arabes, à la naissance du Prophète, chaque tribu, chaque tente, avait ses dieux et quels dieux ! des pierres informes, des images grossières, de vils animaux. Les habitants de la Mecque avaient consacré à leur dieu un chameau nommé Ham qui vivait en liberté et trois chamelles, Bahira, Saïba et Ouçila, dont le lait servait dans les fêtes de ce dieu. L'esprit de crédulité fut combattu par le Prophète qui, plusieurs fois, condamna les erreurs détestables.

« Tu n'auras qu'un seul Dieu, tu ne dresseras pas de vaines idoles, tu ne croiras pas au sort. »

ما جعل الله من بحيرة ولا سايبة ولا وصيلة ولا حام
ولكن الذين كفروا يفترون على الله الكذب

« Dieu n'a pas parlé de Bahira, Saïba, Ouçila, ni de Ham. Ce sont des infidèles qui lui ont prêté ces mensonges. » (Qorân ch. V-103).

Ailleurs, il condamne les devins qui prétendent lire dans l'avenir, trouver des trésors, comme le faisaient à la Mecque ceux qui soufflaient sur sept flèches soi-disant sacrées pour répondre, d'après les mouvements de ces flèches, aux questions que les gens venaient leur poser.

Le musulman vraiment religieux se gardera donc de rechercher la cause des faits qui sont mystérieux ou qui lui semblent tels,

Il refusera toujours d'ajouter foi aux songes, ces mouvements désordonnés de l'imagination, fils de la nuit et que l'aube dissipe. Le sage se rira aussi des sortilèges ; aussi bien de l'Azerour' ou de Rohania faisant boiter les chevaux, mourir les mulets, endiabler les agneaux, que de ce djinn mimoun et de marat'a ech chitana. Pour lui, les sorciers sont de pauvres hommes, peut-être convaincus, souvent vicieux, assurément égarés et qui ne peuvent nuire qu'à ceux qui ont la faiblesse de se fier en eux. Mais, quand on voit tant de musulmans donner aux superstitions plus d'importance qu'au culte du vrai Dieu et à la pratique de ses lois, on se rappelle que Mohammed pensant aux égarés de tous les siècles, aux superstitieux, à ceux qui s'écarteraient de la vie indiquée par le Livre a dit : « Vers la fin des temps, l'ignorance croîtra dans le monde de l'Islam, à tel point qu'on reviendra aux coutumes des idoles. »

3. Mahdi-Moul Es Sa'a.— Une particularité bien remarquable des musulmans est la facilité avec laquelle ils se rallient aux hommes ambitieux et violents qui se donnent pour les envoyés de Dieu chargés de faire triompher l'Islam ou de lui redonner sa pureté primitive, sinon pour purifier la terre et n'y laisser régner que la Justice et le bien.

Quand on étudie l'histoire du Moghreb, on est étonné de pouvoir compter tant de Bou Maza, de Bou Hamra, de Bou Bar'la, de Moh'ammed ben Abdallah, de Mahdi qui ont entraîné des peuples entiers à la révolte et les ont le plus souvent conduits à la ruine ; il n'est pas de pays où ces faux envoyés de Dieu aient été aussi nombreux qu'en Moghreb. Sans doute, du temps même du Prophète, celui-ci fut obligé de condamner et de faire mettre à mort Asnad, un devin de l'Yémen qui se disait inspiré par Dieu, et Asnad a eu dans le bled Ech Cherg (Orient) des imitateurs ; mais c'est surtout en pays berbère que tout homme s'annonçant comme madhi ou comme moul es Sa'a est presque assuré de rencontrer des serviteurs. Et ce n'est pas seulement dans la lutte contre la conquête française qu'il en a été ainsi ; on trouve de ces réformateurs aussi bien au 10e siècle qu'au 19e. Jamais les peuples chrétiens n'ont connu ce genre d'erreurs, bien que comme les Musulmans et les Juifs, ils aient reçu de leurs Livres la promesse de l'arrivée d'envoyés de Dieu avant la fin du monde. Il est d'ailleurs remarquable que ce soit parmi les enfants de Moh'ammed, qui a eu tant de peine à faire écouter ses paroles dans sa propre tribu à laquelle il apportait la vérité et ses bienfaits, que ce soit parmi les musulmans que se lèvent tant de faux prophètes. L'un après l'autre, ils ont tous été reniés, parce que leur insuccès a démontré la fausseté de leurs promesses, et cependant, quelques années après, il s'en est présenté d'autres et bien rarement ils ont été traités comme ils le méritaient.

Par quel moyen ces aventuriers, qui n'ont pas d'autre but que de s'enrichir, réussissent-ils donc à gagner la confiance du peuple ? En lui persuadant que Dieu, le Prophète, ou un ouali vénéré leur est apparu et leur a ordonné de dire ou de faire telle chose. Certes, Dieu fait ce qu'il veut. Mais il ne fait pas tout ce que les hommes menteurs prétendent. La dernière révolte des Chaouïa de l'Aurès fut provoquée par un marabout qui annonçait que Dieu lui communiquait ses ordres par l'intermédiaire d'une marmite placée dans son gourbi. Quand les gens venaient le voir ils entendaient en effet une voix extraordinaire affirmant que les guerriers qui attaqueraient les Français ne seraient jamais blessés par les armes de ceux-ci. Les malheureux Chaouïa se précipitèrent sur les Français qui, bien entendu, en tuèrent beaucoup en se défendant. Le marabout fut pris et l'on sut alors qu'il était de ces hommes qui peuvent produire des paroles avec le ventre ; ce qui n'a rien de divin et de surnaturel ; ces hommes ne sont pas rares et, en France, ils sont un amusement dans les fêtes du peuple. Yaqoub, celui qui entraîna les Rir'a du douar Adélia à l'attaque des colons de Margueritte, n'avait-il pas promis également à ceux qui avaient sucé sa langue que les fusils des Français ne les blesseraient pas ? Le feu des tirailleurs leur prouva bien le contraire et lui-même fut gravement blessé. Et combien d'autres !

Est-ce donc témoigner à Dieu le tout-Puissant le respect que lui doit sa créature que d'admettre si aisément qu'il emploie des moyens aussi grossiers pour faire connaître les hommes choisis par lui, pour réaliser sur la terre ses grands desseins ? Le Prophète lui-même a déclaré que Dieu ne lui avait pas donné le pouvoir de faire des miracles ; est-il raisonnable que le musulman fidèle accepte sans hésitation l'idée que tant de marabouts ont été plus favorisés que Moh'ammed ? Encore une fois, Dieu fait ce qu'il veut ; mais c'est en pratiquant le bien, en vivant sans exagération dans la sainteté, en enseignant la paix et en répandant autour de lui la charité et la justice que se manifeste surtout le saint élu par Dieu. Quant au Moul es Sa'a véritable, il s'annoncera par de bien autres signes et il apparaîtra dans bien d'autres conditions que les imposteurs qui ont pris son nom pour une si petite chose que chasser quelques milliers de chrétiens d'un pays où ils font le bien ou pour remplacer un chef qui ne plaît pas.

4. Mahboul-Aïssaoua-H'árouz. — Chez tous les peuples, avant que la science de nos jours ait pu éclaircir une partie des causes des maladies nerveuses, la folie ou l'idiotisme, ainsi que d'autres états exceptionnels pendant lesquels l'âme humaine semble disparaître ou se transformer, ont vivement impressionné les hommes. Chez les Chrétiens autrefois, on les attribuait à l'entrée du diable dans le corps du malade ; chez les Musulmans, il en est aussi de même parfois, ou bien au contraire le pauvre mahboul est regardé comme un élu de Dieu. Les deux opinions se valent ; en réalité le fou ou l'idiot sont des malades du cerveau que les médecins français savent soigner et guérissent souvent. Loin de leur laisser, comme chez les Musulmans, une liberté qui n'est pas sans danger pour les autres gens et de tolérer de leur part, même en public, des actes contre la pudeur, les Français commencent à les faire soigner dans des maisons spéciales et à leur enlever toute possibilité de mal faire. Le fou est digne de toute pitié, car il est la victime de la plus horrible des maladies dont Dieu a voulu que l'homme ait à souffrir ; il serait criminel de faire du mal à un malheureux idiot. Mais il est aussi peu raisonnable d'attribuer au mahboul la qualité d'élu de Dieu que de croire au pouvoir du sorcier ou de redouter le mauvais œil de quelqu'un. La science française a entrepris depuis longtemps déjà l'étude de toutes ces questions de troubles de l'âme et de l'intelligence qui se manifestent chez certaines personnes par des états extraordinaires dont les Musulmans d'Algérie ne connaissent peut-être pas toute la variété. Si les savants ont encore à travailler pour pouvoir expliquer tous les phénomènes déjà connus, ils ont du moins démontré comment et dans quelles conditions des hommes pouvaient s'enlever volontairement le sentiment de la vie ordinaire et rendre leur corps insensible à la douleur. C'est ce qui arrive au véritable Aïssaoui, car il est inutile de parler de ceux qui gagnent leur vie en amusant les gens sur les places ou dans les cafés maures au moyen de jongleries grossières ; leurs collègues européens sont beaucoup plus habiles qu'eux en général. Il n'y a aucun mystère dans les pratiques des Aïssaoua ; la répétition prolongée de contorsions de la tête et du corps combinées d'une certaine façon, surtout avec accompagnement de cris ou d'une musique de plus en plus endiablée, mettra n'importe quel individu dans cet horrible état qui n'a plus rien de celui d'une créature de Dieu et qui transforme l'homme en une bête repoussante. Jamais le Prophète n'a pensé que les Musulmans croiraient honorer Dieu et la religion en agissant ainsi.

Ce n'est pas lui, non plus, qui a conseillé aux Musulmans d'acheter au marché des h'arouz soit pour se faire aimer des femmes, soit pour les suspendre à leur cou ou les mettre sur leurs animaux, soit pour les faire tremper dans de l'eau qu'ils boivent ensuite dans l'espoir de guérir une maladie.

Certainement, l'usage même immodéré des h'arouz n'aurait rien de nuisible et il pourrait être passé sous silence comme tant d'autres petites pratiques superstitieuses d'une antiquité respectable et tout-à-fait innocentes, s'il n'avait pas le grave inconvénient de détourner la plus grande partie des indigènes des soins plus efficaces pour eux ou pour leurs animaux, que les Français veulent leur enseigner et dont ils tireraient un sérieux avantage. Toutes ces petites pratiques contribuent également à entretenir chez eux les idées plus dangereuses concernant l'intervention quotidienne de Dieu dans la moindre de leurs affaires. Vous qui lisez ce livre et qui devrez en toute chose servir d'exemple aux autres indigènes, réfléchissez à tout cela, puis réagissez contre l'ignorance et contre les erreurs qu'elle entraîne. Multipliez les bonnes œuvres, n'oubliez aucun des préceptes du Livre, honorez les saints de l'Islam, mais sans aller jusqu'à la crédulité et à la superstition. Pour ce qui ne touche pas à la croyance même de votre religion, prenez comme règle, toutes les fois que les hommes prétendront être doués d'un pouvoir, que Dieu seul possède, de soumettre leur affirmation au tribunal de votre raison et de votre bon sens.

3e PARTIE.

QUELQUES IDÉES ET INSTITUTIONS SOCIALES

CHAPITRE 1

La famille et la société — La propreté et le travail

1. L'homme, la famille et la société. — Dans des temps si anciens que personne ne pourra jamais en fixer l'éloignement par rapport à nous, mais dont la science a réussi à déterminer les principales conditions, l'homme menait une vie sauvage et misérable, habitant des cavernes dans les rochers, se nourrissant d'animaux tués avec des pierres ou des os taillés. Peu à peu, le sort de l'homme s'améliore, en même temps que la terre achève de se former et que, grâce au climat devenu plus doux, à la chaleur qui fait naître les arbres couverts de fruits ou les plantes nourrissantes, il y trouve plus de facilité pour vivre. L'union de l'homme et de la femme et la naissance de l'enfant qui en résulta fonda naturellement la famille, mais une famille encore peu solide, car l'homme, le maître parce qu'il était le plus fort, n'avait guère d'autre instinct que la lutte égoïste pour l'existence. Les frères étaient ennemis.

Cependant le nombre des hommes croissait et ils apprenaient à utiliser les biens que Dieu leur avait donnés, c'est-à-dire la terre avec ses produits, les animaux de toute espèce : et aussitôt l'idée de posséder pour lui seul et pour les siens ce qu'il avait conquis s'établit dans l'esprit de chacun des hommes. Ils sentirent en outre que le seul moyen de se défendre contre les animaux féroces, qui étaient innombrables et énormes dans les premiers âges du monde, était d'unir leurs forces. Les familles voisines, sorties d'un père commun, se réunirent et c'est ainsi que la tribu commença. Plus tard des tribus rassemblèrent leurs tentes ou se groupèrent dans des villages ; d'autres se firent des promesses d'alliance, de secours et des peuples se constituèrent. Mais alors les questions de propriété et de partage excitèrent les rivalités ; les rivalités amenèrent la guerre entre les peuples, entre les tribus et parfois entre les familles. Pour les éviter, il fallut des lois et la véritable société se fonda.

La véritable société a pour base la famille et la propriété. Le travail est le moyen pour l'homme de satisfaire ses besoins et il crée la propriété.

Les diverses grandes races humaines, la race blanche qui s'est répandue du Bled El Hend (Inde), à l'Europe, la race jaune qui peuple le nord et l'est de l'Asie, la race noire qui exista jadis presque seule en Afrique et dans les îles de l'Océanie, enfin la race rouge qui vivait seule en Amérique, toutes ces races ont eu sur la famille, c'est-à-dire sur la situation et les droits de l'homme vis-à-vis de la femme et des enfants, sur la situation des vieillards et des parents de l'homme ou de la femme, des idées très diverses. Il se produisit des différences parmi les peuples qui se formèrent dans chaque race. C'est qu'en effet Dieu avait donné aux uns et aux autres, non seulement une intelligence et un esprit particuliers, mais aussi des besoins différents, parce que leur climat, leurs cultures, leurs terres et les animaux qui les servaient ou les menaçaient n'étaient pas les mêmes.

Ces différences grandirent au cours des siècles selon que les peuples continuèrent, comme ceux de race noire et une partie de ceux des autres races, à vivre à l'état de sauvagerie, ou bien, comme les chinois de race jaune et la race blanche presqu'entière, arrivèrent à une certaine civilisation.

Les peuples de même religion n'ont pas tous les mêmes lois sur la famille ; cependant chaque religion renferme des prescriptions sur le mariage, sur le divorce, sur les droits des parents sur leurs enfants, et sur les héritages. La famille arabe diffère de la famille berbère, aussi bien que la française de l'anglaise, et il y a surtout de grosses différences entre la famille musulmane et la famille chrétienne.

2. La femme et le mariage. — Mais ce qui caractérise la famille dans chaque peuple, c'est l'idée qu'on y a de la femme, par conséquent la façon de considérer le mariage.

Le Prophète Moh'ammed a fait beaucoup pour relever la condition de la femme et protéger l'enfant ; il a défendu de tuer ce dernier et de le séparer de sa mère pendant son bas âge ; il a donné à la femme le droit de prendre part aux héritages et de conserver ses biens, ainsi que le droit d'obtenir le divorce dans certains cas ; il a supprimé aussi l'usage qui donnait au plus proche parent du mort, par droit d'héritage, ses veuves et ce qu'elles possédaient, en même temps que ses esclaves et ses biens. Ce n'est pas l'Islam en réalité qui oblige à conserver ce que la situation de la femme peut avoir encore d'injuste dans la société et dont la famille des Arabes et des Kabyles, mais seulement la coutume, presque toujours ; ce qui le prouve, c'est que chez les Kabyles ce sont les Kanouns qui fixent la plupart des règles suivies à l'égard de la femme, règles quelquefois meilleures que chez les Arabes, quelquefois pires.

Quand un Français se marie, il connaît toujours depuis assez longtemps celle qui va devenir sa femme ; il l'a fréquentée autant qu'il a voulu et il a pu apprécier aussi bien ses qualités de cœur et d'esprit que les charmes de sa personne. La jeune fille, ou la femme veuve ou divorcée, ne peut être forcée à se marier ni par son père ou sa mère, ni par un parent quelconque ; c'est leur seul consentement, affirmé publiquement par les deux époux, qui fait le mariage. La loi française ne fixe aucune condition d'argent pour le mariage ; elle règle seulement les droits de chacun des époux quand ils apportent des biens leur appartenant ou donnés par leurs parents. La dot est donc volontaire et les pauvres se marient sans dot ; les riches peuvent agir de même s'il leur plaît. La religion chrétienne ne s'occupe pas davantage de la dot.

L'âge du mariage est pourtant limité par la loi française : la jeune fille ne peut pas se marier avant 15 ans et le jeune homme avant 18 ; il est très rare qu'une fille se marie avant 18 ans et le jeune homme avant 21. Sans doute, sous le climat de France, les enfants n'arrivent pas à la puberté aussi tôt que dans les pays d'Orient ou du Moghreb, cependant la loi a voulu que les époux soient assez âgés pour comprendre les devoirs du mariage et assez forts pour assurer eux-mêmes, quand il le faut, les besoins de la famille ; elle a voulu également protéger la jeune fille contre la brutalité de l'homme, à un âge où sa santé pourrait en souffrir et où elle n'a aucun moyen de défense. Il est enfin dans les coutumes d'empêcher le mariage entre une fille très jeune et un homme très âgé.

Ce n'est donc pas le seul plaisir de l'homme qui a réglé en France les conditions de l'union de l'homme et de la femme et cependant ces conditions ne le privent d'aucune joie et elles sont loin de nuire à son intérêt. La nature des liens qui unissent l'homme et la femme permet en effet de respecter et de favoriser un sentiment presqu'inconnu au musulman : l'amour. L'amour, pour ce dernier, ne peut venir qu'après la possession de la femme et il ne dépasse que rarement la jouissance de la volupté ; le poète arabe chante les joies de la possession, mais non cette période de tendresse charmante et pure qui ravit le fiancé près de la vierge qu'il veut conquérir et dont il veut être aimé pour la posséder de son propre aveu. L'amour peut être chaste. Il a été souvent dans les nations chrétiennes, la source de grandes et nobles actions ; c'est une de leurs forces vives. Il ennoblit l'homme qui, en fondant ses rapports avec la femme sur la liberté de celle-ci et sur l'union des âmes, s'élève bien au-dessus du simple instinct qui pousse à l'union des sexes toutes les créatures animales et jusqu'aux plantes. L'amour confère enfin à la femme tout son prix, la relève, lui inspire la dignité et le respect d'elle-même et il est la meilleure garantie de sa fidélité.

L'intérêt des familles a d'ailleurs souvent, chez les Français comme chez les Arabes, une part plus ou moins importante dans l'arrangement des mariages. Seulement, cet intérêt ne peut pas aller jusqu'à sacrifier, du moins malgré elle, les sentiments de la jeune fille et encore moins ceux du jeune homme, puisque le consentement public devra toujours être donné. Jamais la jeune fille ne sera livrée comme prix d'une sorte de marché, sans savoir à qui elle est destinée.

Il n'en a pas toujours été ainsi en France, c'est par des progrès continus que la loi et les coutumes ont fait et font chaque jour disparaître ce qu'il y avait d'injuste autrefois dans le sort de la femme. Comme il faut le répéter constamment, c'est par l'instruction que les Français ouvrent leurs propres yeux à la lumière de la vérité et de la justice, sans s'arrêter à des considérations égoïstes. C'est aussi par l'instruction et par l'éducation que la jeune française a conquis une place égale à celle de l'homme, ou à peu près, dans la famille puis dans la société. Son intelligence et son habileté au travail font d'elle, pour son mari, une compagne qu'il peut associer à ses occupations et, pour la société, une source considérable de force et de richesse. Habituée dès son enfance à une liberté que guide la connaissance sérieuse de ses devoirs futurs d'épouse et de mère, vivant au milieu des hommes et non pas seulement dans l'isolement d'une compagnie de femmes, elle apprend à se faire respecter comme à respecter les autres et elle acquiert l'expérience de la vie. Jeune fille, elle sera infiniment moins exposée à succomber devant les tentations du vice que si elle était mise seulement par la force à l'abri des périls des premières années de la puberté. Les exceptions plus ou moins nombreuses que produit dans les grandes villes la vie si difficile de la population ouvrière sont dues souvent au travail en commun des hommes et des jeunes filles et ne sont pas proportionnellement plus inquiétantes que chez les Musulmans. La prostitution est plus rare en France qu'en Moghreb et la loi généreuse a eu la précaution d'ouvrir aux filles qui ont succombé la possibilité de devenir des épouses honnêtes et de bonnes mères de famille.

Un des inconvénients des coutumes françaises c'est que beaucoup d'hommes se marient tard ou ne se marient pas, et qu'il y a un bien plus grand nombre de filles qui ne connaîtront jamais le mariage. C'est forcé, puisqu'il y a presque toujours et partout plus de femmes que d'hommes. Du moins la femme reste-t-elle libre de sa personne et maîtresse de son bien ; la société lui donne toute facilité pour employer son intelligence et ses forces de toute espèce de manière Des écoles existent pour elle dans tous les villages et elle est obligée d'y aller comme les garçons dans les leurs. Des collèges reçoivent des jeunes filles qui veulent pousser plus haut leur instruction et elles ont entrée, absolument comme les jeunes hommes, dans les grandes écoles de droit, de médecine, etc.. Le commerce et l'industrie leur fournissent beaucoup d'emplois; l'état leur en donne d'autres et elles ont comme les hommes le droit de plaider devant les tribunaux ou d'exercer la médecine.

Avant qu'une révolution extraordinaire vienne ouvrir aux jeunes filles musulmanes ces droits, que leurs sœurs de France ne possèdent pas depuis longtemps d'ailleurs dans toute cette étendue, il faudra certainement bien des années. Ce n'est pas nécessaire, en vérité. Mais ne serait-il pas de l'intérêt du Musulman d'améliorer ses coutumes autant que la religion le permet ?

Ce serait à souhaiter, surtout pour les Kabyles, afin que le mari d'une enfant ne puisse plus dire : « Our'er' thamet'touth idhelli. »

(J'ai acheté une femme hier) et qu'on ne puisse plus dire du père de cette enfant : « itcha seg illis » (il a mangé, c'est-à-dire vendu, sa fille). Et puisque le Qoran n'a pas fixé d'âge pour le mariage, il serait bien facile d'interdire les abus monstrueux qui ont lieu quelquefois en reculant le mariage à un âge où la jeune femme serait autre chose qu'un instrument de basse jouissance pour son mari. Plusieurs fois déjà les Kanouns de quelques tribus ont été modifiés par l'influence de l'autorité française dans le but de rendre moins dure la condition de certaines femmes ; il n'est pas douteux que dans l'avenir, par le même moyen et grâce au progrès des Kabyles eux-mêmes, on verra disparaître bien d'autres injustices.

Plus l'homme respecte la femme, plus il est grand, fort et heureux.

Le jour où cessera d'être pratiquée en Algérie cette cérémonie si contraire aux habitudes de pudeur prescrites par le Prophète et qui consiste pour le nouveau marié à sortir de la tente où il vient de prendre brutalement possession de sa femme, dès qu'elle lui a été conduite, pour montrer la preuve sanglante de la virginité de celle-ci, ce jour-là les indigènes auront satisfait à leur religion et commencé à respecter la femme. C'est d'ailleurs ce qui se pratique déjà dans les villes et chez la plupart des Kabyles où le mariage ne se consomme que la nuit et où seules les femmes ont la confidence du résultat.

Peut-être qu'ensuite ils reconnaîtront, à l'exemple des Français, que la meilleure manière de s'assurer la fidélité de la femme ne consiste pas nécessairement dans les diverses coutumes que leur jalousie méfiante a imaginées ; que l'instruction, l'éducation et l'expérience de la jeune fille sont meilleures gardiennes de sa pudeur que le voile, les fermetures de maison, l'interdiction de la compagnie des autres hommes, puisque cela n'empêche pas l'adultère qui se commet si fréquemment aussi bien sous la tente que dans le gourbi ou dans la maison la mieux fermée, pendant la nuit même, presqu'à côté du mari. Alors sera possible la réforme définitive qui est déjà désirée par beaucoup de jeunes Musulmans et qui serait si naturelle : plus de mariage entre inconnus.

Tout indigène musulman d'Algérie a le droit de se marier d'après la loi française ; il doit alors en observer toutes les prescriptions et c'est seulement en cas de mariage de ce genre que les militaires donnent à leur femme et à leurs enfants le droit à la retraite, après leur mort.

Le divorce est toujours prononcé en France par les juges et seulement pour des cas prévus par la loi ; le jugement est précédé d'une enquête et de mesures très longues, afin de laisser aux époux le temps de la réflexion. C'est donc bien autre chose que le divorce déclaré chez les Musulmans par la seule volonté du mari, et qui n'est guère réglé par le Livre ou par les Kanouns que pour ses conséquences au point de vue de la dot. Chez les Arabes, la femme peut se plaindre au Cadi des mauvais traitements de son mari et en obtenir, quoique difficilement, le divorce ; mais la coutume des Kabyles maintient la femme en la dépendance absolue de l'homme son acheteur ; celui-ci la répudiera ou la renverra chez elle à sa volonté et pour que la femme répudiée puisse être libre de sa personne et se remarier, il fallait, il n'y a pas longtemps, qu'elle eût payé une somme fixée par son mari. Le divorce ne lui est jamais permis et sa seule ressource était de se révolter et de s'enfuir. Peu à peu ces coutumes disparaissent et le juge français, appliquant la loi de l'Islam, prononce le divorce en faveur de la femme quand elle a le droit de son côté. En France, les droits de la femme pour le divorce sont les mêmes que ceux du mari.

N'y a-t-il pas quelque chose de contraire aux sentiments de jalousie habituelle aux indigènes et de réellement surprenant dans cette coutume qui consiste, pour une femme trois fois répudiée, à se marier pour une nuit avec un autre homme pour pouvoir être reprise par son ancien mari ? Le Qoran n'autorise celui-ci à reprendre sa femme qu'après qu'elle aura été remariée, mais non pas vraiment dans ces conditions.

3. La famille chez les Français, les Arabes et les Kabyles. — Comme tous les nomades de l'Asie et du Moghreb, l'Arabe, à l'exemple d'Ibrahim son ancêtre, a toujours eu plusieurs femmes en même temps que des servantes et des esclaves dont il faisait ses concubines ; le divorce a existé chez lui dès les temps les plus anciens. Le Prophète a permis ces coutumes tout en limitant à quatre le nombre des femmes et en obligeant le croyant à donner à toutes part égale de biens de toute sorte ; il a recommandé le respect des servantes.

La vie nomade ou dans des qçour éloignés et sans industrie explique et justifie plusieurs des coutumes musulmanes, ainsi que la sage prévoyance du Prophète qui fait un devoir de faciliter le mariage des jeunes gens pauvres. En donnant à chaque fille un mari, on lui assure l'existence qu'elle ne pourrait pas gagner elle-même honnêtement ; en mariant de bonne heure le jeune homme, on espère empêcher la débauche. D'un autre côté, la possession de plusieurs femmes promet une famille nombreuse, et de nombreux fils font la force de la famille nomade exposée à tant de dangers dans le parcours des vastes territoires où elle mène ses troupeaux. Cependant, pour le Musulman, le plaisir est le but principal du mariage.

Maintenant, en Algérie, la très grande majorité des Arabes du Tell et presque tous les Kabyles n'ont qu'une femme et le Bey de Tunis donne un bel exemple aux riches en n'ayant lui-même qu'une épouse. La famille où les enfants sont de mères différentes est exposée aux querelles et aux rivalités ; les héritages, les divorces, les tutelles, malgré les règles établies par le Qoran et par le livre de droit de chaque rite, donnent lieu à une foule de procès devant le Cadi : il y a là en outre, trop de causes de souffrances et de douleurs cachées pour de pauvres créatures, mères ou enfants. Les discordes de famille sont allées beaucoup plus loin, car on apprend tous les jours des crimes entre frères comme on en lit à chaque page de l'histoire.

L'isolement de la famille nomade aussi bien que l'absence de tout gouvernement régulier et la multiplicité des femmes, source de jalousies et de discorde, rendaient nécessaire l'autorité complète et absolue du père de famille. Mais que d'abus !

La voix du Prophète a été écoutée et depuis longtemps l'Arabe ne tue plus ses enfants, même ses filles ; il n'a pourtant pas toujours pour elles les sentiments qu'on doit désirer : il les marie trop jeunes, même bien avant la puberté, pour en tirer profit ; dans certaines tribus comme les Oulad Naïl, il les abandonne à la prostitution et le manque de surveillance dans les villes aboutit au même résultat pour trop de pauvres petites filles. En outre, le meurtre de la fille devenue enceinte sans être mariée et de son enfant, si elle n'a pas été tuée avant l'accouchement, est encore le seul remède que les indigènes aient trouvé pour réparer cette faute qu'il serait plus sage, plus humain et plus conforme à la loi de Dieu d'empêcher d'abord en mieux élevant les enfants, en les surveillant et en leur enseignant leurs devoirs. Cette barbarie cessera évidemment.

L'autorité paternelle s'exerce sur les filles tant qu'elles ne sont pas sous la puissance d'un mari ; pour les fils elle n'est en rien limitée par la loi musulmane et la coutume seule ou la volonté du père y met fin au moment où le jeune homme étant marié va vivre dans une maison ou sous une tente séparée. Même dans cette situation, il ne possède aucun bien que son père ne lui ait attribué. Si le jeune garçon est majeur, dès qu'il a fait une fois le ramadan, ce qu'il s'empresse de faire souvent malgré ses parents vers douze ans, surtout chez les Kabyles, cela ne lui donne donc aucun droit, sinon de prendre place dans la djemâa. Cependant il peut être marié et, si son père meurt, il devient indépendant.

La mère n'a aucun pouvoir sur ses enfants tant que vit leur père, mais dans la réalité, elle joue dans l'existence de son fils un rôle important puisque d'après la coutume, et toutes les fois que le père n'a pas arrangé un mariage d'intérêt, c'est elle qui choisit une femme à son fils. Le Prophète a dit :

« O Musulmans, respectez les entrailles qui vous ont portés. Le baiser donné par un enfant à sa mère égale en douceur celui que nous imprimerons sur le seuil du Paradis. Un fils gagne le Paradis aux pieds de sa mère. (Hadits). »

C'est par cette affection profonde des Arabes et des Kabyles pour leur mère que la femme, si peu protégée comme fille et comme épouse, tient dans la société musulmane une partie de la place que Dieu lui a réservée. Mais pourquoi les Musulmans ne comprennent-ils pas que ce respect pour leur mère devrait leur faire respecter toutes les femmes ?

و من اياته ان خلق لكم من انفسكم ازواجا لتسكنوا اليها و جعل بينكم مودة و رحمة

« C'est aussi un signe de vous avoir donné des épouses tirées « de vous-mêmes puisque vous habitiez avec elles. »

« Il a établi entre vous l'amour et la tendresse. » (Qoran XXX-20).

Après la mort de son mari, la femme peut exercer la tutelle de ses enfants et, dans certains cas, elle l'a de droit.

Dans la famille française le père est également le chef et c'est lui qui est chargé de diriger ses enfants jusqu'à l'âge de 21 ans. Ce n'est qu'à partir de cet âge que les fils, aussi bien que les filles, disposent de leurs biens s'ils en ont par héritage et peuvent vivre comme ils veulent ; le fils ne peut pourtant pas encore se marier sans le consentement de ses père et mère ou de celui des deux qui survit. En cas de refus de consentement, quand le fils a plus de 25 ans, les juges peuvent l'autoriser à se marier.

De tout temps, chez les divers peuples qui ont formé la nation française, l'homme a eu une seule femme. Avant que la religion de Jésus se soit répandue parmi eux, il y avait, il est vrai, chez les riches, des concubines et des esclaves; depuis le 5me siècle elles ont cessé d'avoir une place autorisée; il n'est pas de femme française qui tolérerait dans sa maison la présence d'une concubine de son mari. Le divorce avait été également supprimé par la religion qui donne au mariage le caractère d'une union indestructible entre l'homme et la femme; il a été rétabli par la loi française. Celle-ci fixe ainsi qu'il suit les devoirs entre époux : « Les époux se doivent mutuellement fidélité, secours, assistance. Le mari doit protection à sa femme, la femme obéissance à son mari. La femme est obligée d'habiter avec le mari et de le suivre partout ; le mari est obligé de la recevoir et de lui fournir tout ce qui est nécessaire pour les besoins de la vie, selon ses facultés et son état ».

Après la mort du mari, la mère a, de droit, la tutelle de ses enfants ; elle reste maîtresse dans sa maison et ne dépend de personne ; elle occupe même dans la société un rang très honorable.

Comme dans les familles musulmanes, la femme française a toujours la charge des travaux de la maison, qu'elle fait elle-même ou qu'elle dirige selon ses ressources. Mais elle fait plus encore, car dans les familles qui ne sont pas riches, la femme gagne de l'argent comme son mari, aussi bien que lorsqu'elle était jeune fille. Si elle peut suffire à tant d'obligations et élever ses enfants avec soin, c'est grâce à l'éducation et à l'instruction qu'elle a reçues; c'est grâce aussi au dévouement volontaire qu'elle offre au mari accepté par elle et à la communauté complète des intérêts. Il est un point cependant où la femme musulmane semblerait mieux partagée que la femme française ; c'est pour l'emploi des biens qui lui viennent de ses propres parents. La femme française n'a pas, comme le plus souvent celle du Moghreb, le droit de donner ou de vendre ces biens ; le mari a seul l'administration de tout ce qui appartient aux deux époux et à leurs enfants, sauf recours de la femme aux juges, si le mari ne remplit pas bien ses devoirs.

Mais c'est que la famille est, en France, fondée sur l'union complète, absolue de l'homme, de la femme et des enfants, union des cœurs et des intelligences comme du corps et des biens ; elle est consolidée encore par la durée plus grande de l'autorité des parents sur leurs enfants qui, ainsi guidés jusqu'à l'âge où ils sont vraiment des hommes ou des femmes, emploient mieux leur jeunesse et évitent bien des malheurs ou des erreurs.

C'est parce que les avantages procurés par la loi française à tous les membres de la famille sont très grands et très précieux et parce que leur pratique prolongée a largement contribué à faire de la France un pays uni et fort, que les Français regretteraient de voir les indigènes d'Algérie persister dans les coutumes que le Livre n'impose pas formellement. Ce n'est pas un objet de plaisir dans sa jeunesse et une servante qu'il faut à l'homme civilisé, mais une compagne de toute la vie qu'il entoure d'affection et de respect, dont il reçoit en retour bon conseil et soutien dévoué dans les moments difficiles.

Le proverbe arabe شاور مراتك و خالف على رايها « Consulte la femme et fais le contraire de son avis » peut être vrai, mais alors il démontrerait que dans la famille arabe manque un sérieux élément de tranquillité et de prospérité. Heureusement qu'il est souvent démenti ; nombreuses sont les familles arabes et kabyles où il n'y a qu'une femme et où celle-ci sait se faire une place plus honorée que la coutume ne semble le permettre.

4. La propriété. — On comprend facilement que la nature de la propriété ne soit pas la même pour les peuples qui sont resserrés sur une terre riche et bien arrosée, pour ceux qui occupent un pays de montagnes élevées, pour ceux qui sont disséminés sur de vastes étendues de terre dont ils n'ont pas besoin de cultiver toutes les parties et dont plusieurs de celles-ci ne pourraient produire de récoltes qu'après avoir été transformées et améliorées, enfin pour ceux qui habitent les immensités du Bled Er Rah'ala ou du Sahara ne renfermant que quelques oasis au milieu de pâturages ou de sables. Le genre de propriété varie en outre selon l'organisation de la société et il se transforme en même temps que celle-ci, même parfois malgré la loi. Chez tous les Musulmans, il y a eu des changements apportés aux questions de propriété depuis le Prophète ; en France on n'est arrivé que progressivement aux lois actuelles, et chaque jour on s'efforce de les améliorer.

La terre a toujours appartenu à celui qui le premier s'y est installé et en a joui.

قال خليل موات الارض ماسلم عن الاختصاص معمارة ولو اندرست الا لاحياء

Khelil a dit : « La terre morte est celle qui n'appartient à personne ; elle appartiendra à celui qui l'aura le premier fait valoir ou à celui qui l'aura fait revivre après qu'elle aura été longtemps abandonnée. »

Quand la terre a été prise par un peuple tout entier à la suite de conquête comme elle le fut en Moghreb par les Arabes ou plus tard par les Turks, comme elle le fut en Gaule par les Franks, il est arrivé que le conquérant ne s'est pas contenté du terrain libre, de la terre morte, mais qu'il s'est emparé de terrains déjà possédés et cultivés. Le conquérant a du moins toujours déclaré que la terre morte devenait sa propriété et il s'est donné le droit de la distribuer lui-même aux particuliers. C'est là l'origine des domaines du baïlek, ce qu'on appelle en France le domaine de l'Etat. C'est ainsi également que les sultans ou émirs du Moghreb attribuèrent des « iqta'a » aux tribus arabes de la grande invasion comme l'avaient fait en Gaule les premiers rois francks. L'Etat, c'est-à-dire la société, s'est en outre réservé le pouvoir de régler les conditions dans lesquelles la propriété individuelle se transmettrait par ventes, donations et successions ou ferait retour à son domaine.

Chez les nomades dont la richesse se compose surtout de troupeaux, la terre était rarement divisée entre les familles ou dans chaque famille entre les personnes ; elle appartenait à la tribu ou à la famille entière dont le chef en assurait l'usage au profit de tous. C'est ainsi que, de nos jours encore, chacune des tribus nomades du Bled Er Rah'ala et du Sahara possède seule le droit de conduire à chaque saison ses troupeaux dans des terrains qui lui sont réservés et que le Caïd répartit entre les ferqat. Ce n'est pourtant pas là une vraie propriété, car ces terrains ne peuvent être ni vendus, ni transmis, ni distribués ; ils appartiennent à l'Etat seul et celui-ci, qui en accorde seulement la jouissance, peut changer leur destination quand il en est besoin.

Les formes de propriété les plus habituelles chez les tribus arabes du Tell comprenaient des biens individuels, des biens communs, indivis entre plusieurs individus et des propriétés communes à tous les membres de la tribu, ce que les Français ont appelé biens a'rch. Chez les Kabyles, la terre est fractionnée à l'infini en de très nombreuses petites propriétés individuelles, en propriétés indivises d'une famille ou d'une kharrouba (chemel), puis en propriétés appartenant à tous les gens d'une fraction de village, ou d'un village. Enfin le habous est, pour tous les Musulmans, la portion inaliénable de terres qui est donnée à quelqu'un, pour un temps déterminé ou pour toujours, sous condition de satisfaire à des obligations précises.

La loi française reconnait la propriété individuelle, la propriété indivise entre plusieurs personnes, la propriété d'une commune ou fraction de commune, du département ou de l'Etat; elle interdit au contraire la propriété inaliénable et empêche le développement de la propriété collective ou indivise quand il s'agit de terres cultivables. A mesure que la France est devenue plus libre et plus instruite, la propriété individuelle s'est répartie sur un nombre de familles plus grand.

En s'établissant en Algérie, les Français succédaient au Dey et aux Beys turks dans tous leurs droits; ils s'emparèrent donc légitimement de tout le domaine du baïlek, domaine d'Etat, et de toutes les terres mortes. C'est avec ce domaine, qui était très considérable, que le Gouvernement put concéder ou vendre des terres aux colons et certes, ceux d'entre ces colons qui ont défriché, assaini et transformé les terres en devinrent bien les vrais propriétaires devant la loi musulmane comme devant la loi française.

La garantie nécessaire de la propriété est dans la liberté, pour celui qui possède, d'en disposer comme il veut pendant sa vie, c'est-à dire de louer, de vendre ou de donner en se conformant aux règles du droit français ou musulman ou bien aux kanouns kabyles, ainsi que dans l'assurance que personne ne pourra lui enlever ce qu'il possède. Cependant, la loi autorise l'expropriation pour cause d'utilité publique, c'est-à-dire l'achat forcé d'une partie des terres ou maisons d'une personne, d'une société ou d'une commune, quand elles sont indispensables pour exécuter des travaux utiles et comme on dit, d'intérêt général. Si respectable en effet que soit le droit de propriété, il ne faut pas qu'il devienne un empêchement aux améliorations qui profiteront à tous les gens du pays. Lorsqu'on veut assainir ou embellir une ville, construire un hôpital, une école..., faire une route ou un chemin de fer, créer un barrage, augmenter le débit des sources, etc..., les propriétaires sont obligés, après des formalités réglées par la loi, de céder leurs terrains moyennant le paiement d'une indemnité qu'ils ont acceptée et qui a été fixée par les juges. De même, d'après les kanouns kabyles, la djemâa ordonnait et fixait le chiffre de l'expropriation ; elle étendait même ses droits à d'autres biens que la terre. La loi française, pour subvenir aux besoins des armées pendant la guerre, ou à certains de ces besoins pendant les manœuvres en temps de paix, a organisé la réquisition des mulets, chevaux, chameaux, ou de vivres, etc ...

Ces restrictions au droit de propriété s'appliquent bien entendu en Algérie, et la nature même du pays a obligé à y pratiquer beaucoup plus fréquemment le droit de réquisition pour tous les besoins de l'Etat. Mais la France s'est donné en outre le droit de confiscation des biens, à titre de châtiment, qu'elle a supprimé chez elle, mais que les Turcs pratiquaient en Algérie. Le Gouvernement a réglé en 1845 l'usage de ce droit de mise sous séquestre de tous les biens des indigènes coupables d'hostilité contre la France ou contre les tribus soumises et de ceux qui auraient abandonné leur territoire pour passer chez les ennemis. C'est surtout après l'insurrection de 1871 que le séquestre fut prononcé dans une proportion considérable. Une loi de 1874 permit de l'ordonner dans le cas d'incendie allumé intentionnellement par les indigènes. Les kanouns kabyles faisaient un usage fréquent de la confiscation; mais c'est une punition exceptionnelle que, seules, la protection de la propriété d'autrui et la sécurité publique peuvent justifier. En France, la loi prive les gens condamnés pour des crimes de tout droit de jouissance de leurs biens, mais elle ne le fait que pour la durée du châtiment et, dans tous les cas, le condamné transmet à ses héritiers sa propriété. Il en sera de même pour les indigènes d'Algérie aussitôt que leur fidélité à la France sera devenue sincère et générale, quand la sécurité des personnes et des biens y sera aussi complète que dans les pays d'Europe.

Il exista de tout temps parmi les Arabes et surtout parmi les Kabyles, de nombreuses petites associations (cherika) pour la culture, pour l'élevage des animaux, pour le commerce. Mais le commerce et l'industrie en Moghreb étaient trop peu importants pour qu'il pût venir à l'esprit des indigènes de concevoir les immenses sociétés qui existent en France depuis un siècle. D'ailleurs, plusieurs prescriptions du Qoran ont toujours apporté bien des entraves au développement de la richesse. Comment le Prophète aurait-il pu prévoir ce que le travail et la science ont, par la permission de Dieu, créé douze siècles après sa mort. Les Kakyles ont su, pour ces questions de la cherika, concilier leurs besoins et leurs intérêts avec le respect du Livre ; les Arabes sauront sans doute les imiter. Les uns et les autres doivent s'efforcer de comprendre la nature et le but des sociétés commerciales françaises ou européennes, s'ils ne veulent pas se priver indéfiniment d'avantages aussi certains qu'honorables.

Voici par exemple une société, on dit presque toujours une compagnie, qui exploite le chemin de fer d'Alger à Oran ; c'est la même qui possède la plus grande longueur des voies ferrées en France. Qu'est-ce que cette compagnie ?

Après avoir préparé et fait approuver par le Gouvernement tous les travaux à exécuter ainsi que les principaux réglements qui seront suivis pour l'exploitation, les hommes qui ont imaginé et créé la société demandent publiquement à tous les gens de leur fournir l'argent qui servira à acheter les terrains de la voie et des gares, à faire construire les voitures, à réunir le matériel et les approvisionnements. Quiconque en a le désir et les moyens entre dans la société en versant une ou plusieurs fois la somme d'argent formant une part (une action) et le versement lui accorde des droits de surveillance ou autres déterminés par la loi. Les associés de cette première catégorie, appelés les actionnaires, se partagent entre eux, selon les conventions, les bénéfices de l'affaire ou bien ils en supportent les pertes. Cependant, dans une entreprise telle que celle des compagnies françaises de chemins de fer, il faut dépenser tellement de dizaines de millions avant que les trains commencent à rouler, qu'il est nécessaire d'utiliser la petite épargne et alors on emprunte en donnant comme gages les biens acquis par la société. Les parts de cette seconde catégorie se nomment les obligations ; elles donnent droit à un intérêt fixe, connu d'avance, mais non aux bénéfices, car elles n'entrainent aucune responsabilité dans les pertes. Les actions et les obligations d'une société peuvent être vendues ou données comme toute espèce de biens.

Sans ce système de sociétés comprenant des actionnaires et des obligataires, il n'aurait pas été possible d'entreprendre les travaux qui ont illustré le 19e siècle : canal de Suez et canal de Panama, chemins de fer, transports rapides par mer, immenses usines pour la fabrication du fer et de l'acier, ou pour le travail de la laine, du coton, etc....

Le système est honnête, et il satisfait au désir du Prophète de répartir la richesse entre le plus de gens possible ; il n'y a là aucune trace d'usure. Toute le monde profite du progrès de la grande industrie et du commerce amenés par les sociétés de toute sorte, car le prix des choses nécessaires diminue et en même temps il devient aisé de se les procurer partout.

Une conséquence du droit de propriété est celui de la transmettre après la mort. Pourtant l'exercice de ce droit entraîne pour la nation tout entière, c'est-à-dire pour sa moralité, sa force et son union, des effets tellement graves que la loi l'a de tout temps limité. Il serait trop long et sans utilité de reproduire dans ce livre les détails compliqués des règles musulmanes ou françaises sur les successions ; quelques indications générales sont nécessaires.

Il faut remarquer que les Arabes sont presque partout parvenus à ne pas observer rigoureusement les paroles du Prophète concernant la part attribuée aux femmes et que la plupart des Kabyles, après avoir agi longtemps comme les Arabes, ont depuis 150 ans environ, supprimé absolument par leurs kanouns le droit de la femme à hériter même de son père, tout en prenant des dispositions pour lui assurer les moyens de subsister. Délaissant la doctrine de l'imam Malek qu'ils observent presque sans autre exception, les indigènes d'Algérie ont adopté celle de l'imam Hanifa concernant l'ouaqf ou le habous pour constituer sous cette forme toute la part de leur succession due aux femmes d'après le Qoran. Transformée en habous, cette part peut être alors attribuée aux héritiers mâles et à leurs descendants mâles exclusivement. L'usage du habous permet en outre, aux malekïa, comme aux hanefia, de donner à un héritier plus que sa part légale ; mais, chez les malekïa seulement, l'héritier avantagé peut être une fille.

Ces exemples d'adaptation de la loi religieuse a des convenances particulières devraient encourager les indigènes à ne pas rejeter la loi française, quand celle-ci doit leur être avantageuse en étendant leurs droits et leur liberté. Toutefois il n'est pas moral de changer de loi sans sincérité et seulement pour satisfaire sur un point spécial un penchant à l'injustice.

En France, la loi confère les mêmes parts comme les mêmes droits aux hommes et aux femmes dans les successions. La succession appartient en entier aux enfants ou à leurs descendants et, s'il n'y en a pas, aux frères et sœurs ainsi qu'aux ascendants et aux neveux, puis aux cousins germains et ainsi de suite jusqu'à un certain degré éloigné de parenté à partir duquel l'héritage revient à l'époux restant ou, s'il n'y en a pas, à l'Etat.

Ces règles sont observées quand le mort n'a pas fait connaître ses volontés par un acte régulier. En effet tout propriétaire d'un bien, homme ou femme, a le droit, sous certaines réserves, de donner de son vivant ou d'assigner par testament ce qu'il possède à des étrangers, à la commune, à certaines sociétés autorisées par la loi, à l'Etat. Le mari peut donner à sa femme et la femme à son mari ; l'un et l'autre doivent toujours réserver à leurs descendants, ou à défaut à leurs ascendants, une part de leurs biens qui varie du quart, aux trois quarts, suivant le nombre des enfants. Un père de famille a ainsi la possibilité d'avantager un ou plusieurs de ses enfants au détriment des autres. S'il n'y a ni descendants directs, ni ascendants, le propriétaire d'un bien peut priver d'héritage tous ses autres parents, frères, neveux et cousins.

5. Le travail. — Comme il a été rappelé au commencement de ce chapitre, le fondement nécessaire du droit de propriété a été le travail : la loi française est à ce sujet du même avis que le Qoran. Le travail est pour l'homme une nécessité, un devoir et une marque de supériorité.

C'est une nécessité, puisque la terre, les arbres et les animaux eux-mêmes ne produisent que si l'homme leur donne les soins indispensables. C'est un devoir, puisque Dieu a donné à l'homme la force et l'adresse puis mis à sa disposition des matières que, seul, il peut transformer pour en jouir. C'est une noblesse, car l'homme est la seule des créatures de Dieu qui soit capable de réaliser presque tous ses désirs, d'adoucir sa vie et celle de ses enfants, d'orner la terre et de continuer pour ainsi dire, quoique bien en dessous de son Maître éternel, l'œuvre de la création.

ولقد كرمنا بنى آدم و حملناهم في البر و البحر و رزقناهم من الطيبات
و فضلناهم على كثير ممن خلقنا تفضيلا

« Nous honorâmes les Beni-Adem en les portant sur les terres et les mers, en leur donnant des aliments délicieux et en leur accordant une grande supériorité sur un grand nombre d'êtres que nous avons créés. » (Qoran XVII-72).

Le travail comprend des variétés infinies, depuis celui du portefaix dont on utilise seulement la force corporelle jusqu'à celui de l'inventeur de génie et du grand artiste. A chaque degré, le travail est utile à tout le monde, il est respectable et le travailleur doit être protégé par la loi.

L'esclavage a été longtemps la situation presqu'unique du travailleur et c'est le souvenir des temps de sauvagerie, de cruauté, où les esclaves étaient très nombreux qui a laissé, chez les peuples encore ignorants ou peu instruits, l'idée que le travail physique est humiliant. Ce serait donc le mépris du pauvre qui est obligé de travailler pour vivre, et un tel mépris est blâmé par la religion de Moh'ammed comme par celle de Jésus. Le Prophète n'a pas supprimé l'esclavage bien qu'il ait recommandé d'affranchir l'esclave. Jésus, en proclamant tous les hommes frères, condamnait l'esclavage et les peuples chrétiens l'ont d'abord supprimé chez eux, très lentement d'ailleurs ; depuis un siècle, ils le font disparaître du reste de la terre. Tout esclave existant en Algérie est libre depuis que la France a occupé le pays.

Il ne suffirait pas que le travailleur ne fût plus esclave, si le patron pouvait, abusant de sa supériorité d'intelligence ou de richesse, le mettre dans l'alternative de ne pouvoir pas travailler ou bien de se contenter d'un salaire insuffisant. Les ouvriers habiles et ceux dont le métier exige un apprentissage prolongé ont presque toujours réussi à défendre avec assez de succès leurs intérêts contre des patrons trop avares. Ils avaient organisé, en France comme dans les grandes villes du Moghreb, des associations régies par des règlements et dirigées par un amin ou une djemâa. Malheureusement, ces associations étaient aussi funestes aux vrais intérêts des ouvriers qu'à ceux de tous les acheteurs ; elles ont disparu en France depuis plus d'un siècle, et elles n'ont plus la moindre utilité dans les villes d'Algérie.

La base des relations entre ouvrier et patron, c'est la liberté complète, c'est-à-dire l'entente mutuelle et l'observation de la convention ainsi que des prescriptions de la loi. L'ouvrier peut être patron quand il le veut et s'il le peut, il n'a de permission à demander à personne. L'ouvrier ou le patron qui se croit lésé par l'autre, peut porter sa plainte devant un tribunal particulier composé par moitié de patrons et d'ouvriers et qu'on appelle Conseil des prud'hommes élus pour 6 ans.

Le Tribunal de commerce composé de juges élus pour deux ans parmi les commerçants et les patrons les plus honorables, reçoit ensuite les réclamations contre le jugement des prud'hommes.

L'institution d'un tribunal spécial montre combien l'on reconnaissait l'importance de régler promptement et sans dépenses les querelles entre ouvriers et patrons. Depuis que les progrès de l'industrie, dus à l'utilisation de la vapeur et d'outils perfectionnés, ont attiré les ouvriers par dizaine de mille dans les usines, la loi a dû intervenir de plus en plus pour assurer le respect des droits des uns et des autres. Mais il n'est rien de plus difficile que de telles affaires, car elles intéressent le droit de propriété, la liberté de l'homme, le devoir de fraternité et elles exercent une influence sérieuse sur la tranquillité publique et sur la paix de la nation. En effet quand tous les ouvriers d'une profession, ou une partie seulement d'entre eux, ne veulent pas continuer le travail dans le but d'obliger leurs patrons à leur accorder une demande quelconque, ils ont le droit de faire grève et d'engager leurs camarades à les imiter ; personne ne peut en effet forcer quelqu'un à travailler. Mais le droit de grève n'autorise pas à employer la violence soit contre le patron pour l'obliger à accorder la demande ou bien à fermer ou à ouvrir ses ateliers, soit contre ceux des ouvriers qui ont continué à travailler ; personne ne peut entraver la liberté de travail de son voisin. La loi a pris quelques mesures pour faciliter la fin des grèves au moyen d'arbitrage.

Dans la plupart des métiers, les ouvriers d'un côté, les patrons de l'autre ont formé, avec l'autorisation de la loi, des associations appelées syndicats. Tout syndicat réunit de l'argent, se donne des réglements, fonde des écoles, entreprend ce qu'il croit utile aux gens qui en font partie. Pendant les grèves, les syndicats agissent, discutant les causes de division, recherchant les moyens de conciliation ; il arrive aussi que, mal dirigés, ils compromettent à la fois les intérêts des ouvriers et ceux de toute la population.

Pour les métiers entraînant des chances plus grandes de danger ou bien des fatigues exceptionnelles, pour le travail des mines surtout, la loi a ordonné des mesures de protection spéciale en faveur des ouvriers. Pour presque tous les autres, elle a limité les heures de travail et réglé le travail de nuit suivant qu'il s'agit d'hommes, de femmes et d'enfants de divers âges. Une loi a fixé les droits des ouvriers victimes d'un accident de travail et les devoirs des patrons, quand il y a de leur faute dans cet accident. La réglementation du travail est en France l'objet des plus sérieuses études et d'expériences ; qu'on arrive à l'assurer un jour à la véritable satisfaction de tout le monde, il faut l'espérer, parce que les ouvriers, en s'instruisant chaque jour davantage, comprendront que leur intérêt n'est pas toujours d'exiger de nouvelles améliorations qu'il n'est pas permis de leur concéder à moins de ruiner l'industrie même qui les fait vivre.

CHAPITRE 2

Solidarité et prévoyance

1. Solidarité. — Obéissant à la parole du Prophète et à de nobles traditions, les Musulmans du Moghreb font l'aumône aux mendiants, enrichissent les zaouïa, organisent la touiza et la ma'ouna pour les gens du douar ou du village qui tombent dans l'infortune, donnent l'hospitalité dans leur tente ou leur maison : quelquefois, ils établissent une fontaine ou creusent un puits pour le bien commun ; les Kanouns kabyles réservent au voyageur des droits particuliers. Il y a dans ces actes plus que de la charité dont il a été parlé à la première partie de ce livre ; bien certainement, le sentiment de fraternité existe chez les indigènes. Et pourtant que de misères de toute sorte ne sont pas secourues, que de maux devant lesquels ils restent impuissants ! Leur sentiment de fraternité est trop restreint et la dissémination de la plus grande partie de la population sur de vastes territoires au milieu desquels chaque fraction est isolée, ainsi que le souvenir d'anciennes haines en arrêtent l'application. La charité individuelle, même quand elle s'exerce par devoir religieux et par l'entremise des gens de religion, est insuffisante ; elle est très souvent mal distribuée. La charité individuelle ne peut pas d'ailleurs être supprimée sans inconvénient car elle est discrète et fait participer davantage le cœur à l'action matérielle de l'aumône, car en bien des circonstances, elle est seule capable d'atteindre la misère. Mais elle ne peut qu'exceptionnellement guérir la misère ou la douleur ; elle les calme : presque jamais elle ne les prévient.

La charité collective, très supérieure à la charité individuelle, a le tort également d'être subordonnée aux hasards des initiatives locales ; elle réserve souvent ses bienfaits à des gens d'une origine déterminée ou pratiquant une certaine religion. Cependant, elle aussi, rend des services précieux dont il serait absurde de se priver.

La charité publique est plus puissante et plus impartiale ; elle peut être rendue accessible à tous et partout, et s'exercer avec une certaine continuité sur les mêmes hommes. Elle n'est pas sans défaut, bien entendu, comme toute chose humaine, mais elle sauvegarde mieux la dignité du malheureux puisqu'elle agit au nom de la commune, du département ou de la nation entière en vertu du devoir de fraternité. En France, la charité publique est organisée par la loi et elle prend le nom d'assistance ; les divers moyens employés pour l'exercer sont les œuvres d'assistance publique.

Cependant l'assistance publique, elle non plus, ne prévient pas la misère et la douleur ; elle les atténue et parfois les guérit. Or la solidarité, qui est le lien unissant entre eux les membres d'une même société, les enfants d'une même patrie, veut qu'on empêche la misère et qu'on prévienne la souffrance autant que Dieu l'a permis. La société se protège elle-même tout en garantissant chacun de ses membres ; tel est l'objet de l'enseignement public, des institutions qui veillent à la santé publique et de certaines lois de prévoyance sociale.

Rien ne serait plus déplorable qu'une société où l'individu, assuré de trouver le nécessaire et comptant sur l'assistance publique, vivrait dans la paresse honteuse, avec l'unique souci d'exploiter la générosité de ses frères. Il y aurait également de gros dangers à substituer complètement l'action de la société à celle de l'individu, de telle sorte que l'homme n'ait plus ni liberté, ni responsabilité personnelle dans sa propre existence, ainsi qu'il arriverait si la société satisfaisait à tous ses besoins moyennant une coopération de sa part aussi faible que possible et la même pour tous. Certes, l'intérêt autant que le devoir d'une nation veulent que la misère disparaisse de la terre et que tous les hommes puissent, dans un bien-être suffisant, contribuer pour leur part au bonheur commun. Mais l'égalité parfaite et rigoureuse entre tous les hommes est un rêve dont la réalisation ne paraît pas devoir être jamais permise par Dieu, puisqu'elle marquerait l'arrêt de tout progrès dans le monde ; si elle doit exister dans un jour lointain fixé par Dieu, c'est que les hommes auront été auparavant transformés de telle sorte qu'il n'est pas actuellement possible d'imaginer les conditions dans lesquelles ils auront réussi à établir et à maintenir cette égalité.

L'ignorant et le malheureux s'imaginent aisément que leur sort serait bien différent s'il n'y avait pas de gens trop riches et si l'on répartissait également les biens entre tous les gens du même pays. L'histoire montre que cette imagination n'est pas nouvelle ; elle est fausse aujourd'hui comme autrefois. L'égalité dans la misère n'a même pas pu exister jamais, puisque la force corporelle, le courage et la hardiesse assurent à celui qui en est favorisé plus de facilité qu'à celui qui est faible, malade, paresseux ou timide pour se procurer la nourriture, le vêtement et l'abri. L'égalité dans le bien-être ne durerait pas un jour ; elle aurait peut-être changé momentanément la répartition des riches et des pauvres au prix de terribles bouleversements et de crimes, mais le lendemain on trouverait encore d'un côté des pauvres, des infirmes, des paresseux et des sots, de l'autre côté des gens vigoureux, intelligents et ambitieux.

Si donc le rôle de la société consiste à répandre l'instruction qui détruit les idées fausses, renferme les espérances ou les ambitions dans une limite raisonnable et fournit à tous les hommes le moyen de s'élever, puis à réparer dans la plus large mesure les injustices du sort ou les fautes personnelles et à protéger la morale comme la santé publique, il lui appartient surtout d'exciter l'initiative individuelle en lui montrant la meilleure voie à suivre pour prévenir la gêne et la misère. C'est ainsi qu'ont été créées les diverses œuvres de prévoyance.

Le devoir de charité imposé par Jésus comme par Moh'ammed et le devoir de fraternité qui a été proclamé par la Révolution française, après avoir été l'un des principes fondamentaux de la religion de Jésus, se sont donc complétés et ils ont donné naissance à des œuvres qui seront expliqués en quelques mots ci-après.

2. Œuvres de charité et d'assistance. — Nombreuses sont les causes de misère et de souffrance ; ce n'est pas trop réellement de l'ingéniosité et des ressources de la charité individuelle ou collective et de l'assistance publique pour qu'on puisse toutes les atteindre et y remédier.

Voici d'abord les infirmes pauvres et les vieillards brisés par le travail et par l'âge ; ni les uns, ni les autres ne peuvent gagner leur vie ; leurs enfants, s'ils en ont, sont incapables de subvenir à leurs besoins. Aux uns, il suffit d'un peu de secours que leur donnent très souvent leurs voisins ; mais à défaut, ils le trouveront au bureau de bienfaisance. Le bureau de bienfaisance est organisé par la commune et obéit à des règles tracées par la loi qui lui affecte des ressources régulières. Aux autres, il faut des soins de tous les jours : ils les recevront soit dans des asiles de vieillards ou d'infirmes créés dans tous les départements, ainsi que dans la plupart des grandes villes, soit dans de nombreuses maisons fondées par la charité individuelle ou collective et généralement dirigées par des associations religieuses telles que celles de ces saintes femmes qu'on appelle les « petites sœurs des pauvres. »

La protection de l'enfance est devenue l'une des préoccupations les plus constantes de la charité ou de l'assistance. Les indigènes comprennent difficilement pourquoi, dans un pays comme la France, il peut être aussi nécessaire de remplacer ou de suppléer les parents et la famille dans l'accomplissement des devoirs naturels vis-à-vis de l'enfance. C'est qu'ils ne connaissent guère ce qu'est l'existence des millions d'hommes et de femmes qui peuplent les grandes villes européennes. Dans les campagnes de France, comme dans les tribus arabes ou les villages des Kabyles, les familles peuvent s'entr'aider et la charité individuelle suffit le plus souvent. Mais qu'est-ce que tous ces enfants indigènes qui courent les rues des villes du Moghreb à la recherche du « sourdi » et prêts à toutes les besognes, même les plus vilaines, pour l'obtenir ? Combien de petits enfants indigènes meurent faute de soins parce que leurs parents sont pauvres, négligents et pas secourus ! [illegible]utre, si la loi française a le souci de combattre la débauche, elle [illegible] le respect de la vie donnée par Dieu à toute créature pour tou[illegible] que l'enfant né hors du mariage soit tué. Elle ne veut pas non plus que l'enfant supporte les conséquences de la faute de ses parents, et d'ailleurs elle ne punit que pour protéger la vi[illegible], la liberté et la propriété de chacun, non pour se substituer à la justice de Dieu dans la punition du péché.

Humaine avant tout, la loi française vient au secours de toutes les mères pauvres, même quand elles sont indignes ; elle les aide à se racheter, si c'est possible, par la maternité ; en tout cas, elle assure la vie de l'enfant à naître en ouvrant des hôpitaux spéciaux où les femmes enceintes seront gardées aussi longtemps que des soins leur seront nécessaires. Les orphelins et les petits enfants abandonnés par des parents criminels ou seulement trop malheureux sont recueillis dans des maisons de charité particulières ou bien élevés par les soins de l'assistance publique qui les place à la campagne, chez des nourrices et ensuite dans des familles d'honnêtes gens qui s'engagent à les élever comme leurs propres enfants en leur apprenant à travailler. Des médecins et des inspecteurs sont chargés de surveiller les nourrices et les personnes qui élèvent ces enfants. L'assistance publique entretient, en outre, dans la plupart des villes, des maisons où les mères obligées de travailler hors de chez elles pour gagner leur vie déposent leurs enfants pendant la durée de leur travail. De son côté, la charité privée s'ingénie à venir en aide aux parents pauvres qui élèvent eux-mêmes leurs enfants en procurant du lait, ou des aliments, ou des vêtements. Dans presque toutes les communes, il y a une société qui fait de même pour les enfants qui vont à l'école et que la loi empêche ainsi de travailler avant treize ans. Voilà comment l'assistance publique et la charité collective se complètent.

Sans parler des hôpitaux de toute sorte ouverts dans les villes et dans les campagnes soit pour l'assistance publique, soit par la charité collective, il faut citer comme œuvre d'assistance les visites gratuites de médecins chez les malades qui n'ont pas besoin de soins prolongés à l'hôpital et qui ont quelques ressources, les consultations gratuites, les dispensaires où les remèdes sont distribués et les pansements faits, les maisons de convalescence où les gens vont achever leur guérison en sortant de l'hôpital.

Du reste, la France s'occupe autant de prévenir les maladies que de les guérir. Après avoir réussi, au moyen de travaux d'assainissement, à débarrasser plusieurs régions de la fièvre qui en ravageait les habitants; en continuant à combattre la fièvre typhoïde par l'épuration des eaux dans les villes et par des travaux parfois immenses, comme à Paris, elle a entrepris depuis une dizaine d'années la lutte contre la tuberculose, ce fléau qui a pris dans la dernière partie du siècle précédent une extension menaçante. Pour les enfants, on a ouvert, en plusieurs endroits sur le bord de la mer ou dans des pays très salubres, des hôpitaux particuliers; pour les grandes personnes, on a créé d'autres établissements sur les côtes ou dans les montagnes; on oblige les voyageurs à la propreté dans les voitures publiques et les chemins de fer, etc.... Si l'on arrête, dès l'apparition des premiers cas, les affreuses épidémies de choléra et de peste qui ont si souvent désolé la France comme l'Algérie, c'est grâce à un service public d'hygiène qui fonctionne en permanence dans tous les ports, qui est renseigné chaque jour sur les maladies survenues en un point quelconque de la terre, qui visite les navires et isole les gens soupçonnés de maladie, comme à Matifou pour le h'adjadj revenant de la Mecque. Au nom du devoir de solidarité, la loi oblige les propriétaires à faire dans les maisons qu'ils louent, et surtout dans les écoles, toutes les transformations reconnues utiles pour sauvegarder la santé publique; la désinfection des navires, des maisons et des vêtements est ordonnée dans le même but.

Les sourds-muets et les jeunes aveugles sont reçus dans des établissements où des hommes dévoués, profitant des découvertes de la science, parviennent à leur donner une certaine instruction et à leur apprendre des métiers qui leur permettent de gagner leur vie. Quelle heureuse conquête de l'homme sur les rigueurs de la nature que d'avoir pu adoucir le sort si triste de ces aveugles intelligents, en leur apprenant à lire avec les doigts, à fabriquer quantité d'objets, à devenir de très bons musiciens; de ces sourds-muets, en leur donnant le moyen de converser et de s'instruire. Il existe de ces écoles dans tous les départements.

L'homme ou la femme bien portants et jouissant de toutes leurs facultés ont eux aussi besoin d'assistance; les meilleurs et les plus vigoureux sont exposés aux accidents, au manque de travail, aux malheurs, à l'injustice et ce sont généralement ceux-là qu'il est le plus difficile de secourir parce qu'ils ont la fierté et l'honneur. Ceux qui souffrent à cause de leurs vices, de leurs crimes peut-être, ont droit eux-mêmes à l'assistance, car la société voit toujours en eux des hommes, des frères, déchus il est vrai, qui peuvent encore se relever et qu'elle doit essayer de sauver dès qu'ils ont terminé les punitions qui leur ont été infligées.

La loi qui interdit le vagabondage, et presque toujours la mendicité à cause de leurs nombreux inconvénients, a ordonné la construction de maisons ou vagabonds et mendiants sont réunis pendant quelque temps.

Les bureaux de bienfaisance viennent en aide à toutes ces catégories de malheureux. Mais c'est surtout l'initiative privée qui imagine chaque jour de nouveaux moyens de pourvoir aux besoins si variés de ces gens. Des associations d'hommes instruits s'occupent des jeunes gens qui ont été condamnés et qu'ils veulent préserver d'une nouvelle chute ; d'autres ont construit des maisons qui s'ouvrent la nuit à tous les malheureux sans asile ; d'autres distribuent gratuitement, ou pour une somme très faible, du pain ou d'autres aliments ; d'autres procurent la nourriture et le logement pendant un certain nombre de jours moyennant un travail facile, pour permettre aux gens sans travail de trouver un emploi et ils les aident dans leurs recherches. Il y a de ces sociétés qui ont pour but de porter secours aux soldats de la Légion ou aux anciens soldats revenant des colonies et qui ont besoin d'être soignés d'abord, puis de trouver du travail. Et combien d'autres œuvres de ce genre !

3. Œuvres de prévoyance. — Quelle que soit la quantité d'argent que l'Etat, les départements et les communes ou les citoyens emploient pour réparer et prévenir les misères, celles-ci peuvent atteindre tout-à-coup tant de personnes dans un peuple de 40.000.000 d'habitants qui croît sans cesse sur la même terre, que la lutte contre les accidents de fortune deviendrait presqu'impossible si la plupart des intéressés ne s'en garantissaient pas eux-mêmes. L'Etat ne manque pas pourtant d'encourager ceux-ci, et, pour les guider dans l'accomplissement des devoirs de prévoyance, il a fondé diverses institutions et en protège plusieurs autres.

Les œuvres de prévoyance fondées par l'Etat sont les caisses d'épargne, les monts-de-piété, les caisses de retraite pour la vieillesse.

Les caisses d'épargne sont de différentes sortes, mais elles obéissent toutes aux mêmes règles et elles ont le même but : aider les gens qui gagnent peu à faire des économies. Quiconque peut y déposer une somme d'argent à partir de 1 franc jusqu'à 1.500 francs. Le gros avantage de la caisse d'épargne consiste dans la possibilité de versements très faibles et répétés aussi souvent qu'on veut, puis du retrait de l'argent déposé par fraction également petite. Celui qui a versé cinq francs n'est plus exposé à les dépenser mal à propos comme s'il les avait gardés dans sa poche et l'ennui de la démarche à faire pour les retirer le retiendra de le faire s'il n'est pas pressé par un besoin vraiment sérieux. Presque toujours le premier placement excite à en augmenter peu à peu l'importance. Combien d'hommes, en économisant seulement deux sous par jour pourraient, en les versant tous les mois, se rendre avant leur vieillesse maîtres d'une somme assez forte pour s'éviter bien des misères.

L'argent déposé dans une caisse d'épargne produit un petit intérêt c'est-à-dire 2 fr. 75 par 100 francs et par an ; mais l'intérêt se calcule sur la plus petite somme comme sur la plus grosse et par jour comme par an. En laissant à la fois l'argent et les intérêts sans jamais rien retirer, un homme versant 3 francs chaque mois se trouverait possesseur de près de 4.000 francs au bout de 40 ans.

D'où provient ce bénéfice ? Autrefois le Français, peu instruit, cachait en terre ou dans un coin secret les pièces de monnaie qu'il économisait ; l'Arabe immobilise aussi son argent et ses bijoux. Ce mode d'économie qu'inspirait soit la méfiance, soit l'ignorance, soit tout autre motif, disparaît à peu près complètement en France ; il faut espérer qu'il en deviendra ainsi pour les indigènes. Celui qui entasse l'or et l'argent se prive non seulement lui-même d'un bénéfice légitime, mais il enlève à la société tout entière le moyen d'entreprendre des travaux utiles qui amélioreraient l'existence de tout le monde. A notre époque surtout, l'argent est un outil et il est nécessaire que tous ces outils soient employés, de même qu'il est nécessaire de faire travailler tous les bras et toutes les intelligences.

Voilà, par exemple, les ports d'Alger et d'Oran ; ils ont été déjà plusieurs fois agrandis et perfectionnés, mais les besoins du commerce augmentent d'année en année, parce que la richesse de l'Algérie augmente, et les commerçants réclament de nouvelles transformations pour ces ports. Il est certain que les travaux procureront des bénéfices qui compenseront les grosses dépenses qu'ils auront occasionnées ; en attendant il faut avancer beaucoup d'argent et les commerçants les plus intéressés ne manqueront pas d'en fournir une partie. Cependant, ces commerçants ont leur argent engagé dans leurs affaires et ils ne peuvent pas l'en retirer tout entier. Ils s'adressent alors à l'argent qui dort chez les particuliers ou bien, si l'État y consent, à celui qui dort dans les caisse d'épargne, les caisses de retraite, etc.... Aussitôt les chantiers sont ouverts : des centaines d'ouvriers y travaillent, d'autres préparent chez leurs patrons les matériaux nécessaires que d'autres transporteront avec des animaux ou leurs machines ; c'est la vie, le travail assuré avec des salaires pour des milliers de gens. N'est-ce donc pas l'argent d'épargne qui est le principal instrument de tout ce bien et dès lors celui qui le fournit ne mérite-t-il pas de participer un peu aux bénéfices ? Encore une fois, l'usure telle que le Prophète l'a condamnée, et qui malgré cela est le fléau des indigènes, n'est en rien comparable au travail de l'argent dans la société actuelle. Que les indigènes à qui personne n'explique ces choses dans les recoins du bled ne les comprennent pas, c'est bien excusable ; il en est autrement pour ceux qui vivent au milieu des Français.

Le mont-de-piété est un établissement public où, dans un moment de gène, on peut déposer des objets, même de petite valeur, pour obtenir le prêt d'une somme d'argent. L'ouvrier qui n'est payé que tous les 8 ou 15 jours, se trouve souvent sans argent alors qu'il lui faut faire une dépense immédiate pour sa femme et ses enfants, peut-être venir en aide à ses parents ou à ses voisins ; il présente au mont-de-piété un habit, un meuble, une montre, dont il peut se passer. Après estimation de la valeur de l'objet, on lui remet une partie de cette valeur et il paiera l'intérêt pour le temps pendant lequel il utilisera l'argent remis. Le jour où il aura économisé le montant du prêt et remboursé celui-ci, l'objet engagé lui sera rendu. S'il ne paie pas l'intérêt aux époques fixées, le mont-de-piété vendra l'objet. Les objets déposés dorment et ne servent à rien tant qu'ils sont dans l'établissement. Cependant celui-ci retire quelques bénéfices des intérêts payés et des ventes ; ces bénéfices servent en partie à faire la charité et constituent l'un des revenus des bureaux de bienfaisance. Toute institution de prévoyance sert ainsi à la fois à ceux qui s'en servent et à l'ensemble des pauvres. Le mont-de-piété rachète par là certains inconvénients assez sérieux qu'on ne peut pas empêcher et malgré lesquels il rend de très grands services.

La caisse de retraite pour la vieillesse est une institution de l'Etat qui, moyennant le versement annuel d'une somme d'argent pendant une durée fixée, assure à un certain âge une retraite. Par exemple, tout père de famille qui aura versé chaque année 102 francs à partir de l'âge de 30 ans, aura à 60 ans une retraite de

600 francs ; après sa mort sa veuve recevra 460 francs par an et si elle meurt, les héritiers auront droit à une somme, une fois payée, de 1500 francs au moins.

Un homme sage se servira de la caisse d'épargne pour être assuré de disposer toujours d'une petite avance pour les jours de maladie ou de chômage et pour économiser la somme qu'il versera tous les ans à la caisse des retraites.

Depuis plusieurs années le Gouvernement, le parlement et toutes les associations ouvrières cherchent les moyens d'assurer à la plus grande partie des travailleurs une retraite suffisante à partir de l'âge où ils ne peuvent plus travailler. Il existe déjà des retraites pour les ouvriers des mines, sans parler de celles données par l'Etat, les grandes compagnies de chemins de fer et d'autres sociétés à leurs employés dans les conditions analogues aux retraites des soldats.

4. Œuvres de mutualité. — Les œuvres de mutualité sont extrêmement nombreuses ; toutes reposent sur le même principe : penser à son semblable en même temps qu'à soi, travailler pour lui comme pour soi, car la civilisation chrétienne est enfin arrivée à ce beau résultat qu'elle a presque étouffé l'égoïsme inintelligent et cruel. Ces œuvres se présentent sous trois formes générales : l'assurance, le secours mutuel, la coopération.

On a remarqué que sur 10.000 maisons il y en a presque toujours une que l'incendie détruit chaque année. Si les 10.000 propriétaires de ces maisons s'engagent à rembourser la valeur de la maison brûlée à celui d'entre eux qui la possède, la perte répartie entre 10.000 sera presqu'insensible, tandis qu'elle aurait été la ruine pour le propriétaire qui l'aurait seul supportée. Pourvu que chaque propriétaire donne la dix millième partie du prix de sa maison, on aura assez d'argent pour payer la maison brûlée ; pour une maison valant 20.000 francs, il donnera 2 francs par an.

Celui dont la maison aura été dévorée par l'incendie aura fait évidemment un excellent calcul, puisqu'en échange d'une faible somme d'argent il en recevra une grosse : mais si c'est la maison du voisin, aura-t-il versé inutilement ses pièces de deux francs ? Non, car il a vécu tranquille avec la certitude d'échapper à la ruine et de plus il a fait œuvre de fraternité et de charité plus intelligente qu'un don d'argent à un mendiant. S'assurer, c'est donc faire la charité d'avance à un malheureux encore inconnu, à soi-même peut-être ; une telle action ne peut donc pas être proscrite par le Qoran.

Tous ceux qui n'ont pas de maison n'échappent pas aux bienfaits de l'esprit d'association, car il y a d'autres assurances que celle contre l'incendie ; par exemple, celle contre la grêle tout-à-fait semblable à cette dernière. En France, dans certaines régions surtout, la grêle ravage presque chaque année nombre de vignes ou de champs de blé... Tous les propriétaires de ces champs versent à une compagnie d'assurance une somme dont l'importance varie avec l'étendue et la nature du champ ; ceux dont la grêle a abîmé la récolte reçoivent une indemnité.

Voici encore un autre genre d'assurance : un père de famille désire qu'à sa mort sa veuve et ses enfants puissent posséder une certaine somme d'argent qui les mettra à l'abri de la misère pendant les premiers temps et leur permettra d'entreprendre un travail. Il s'adresse à une société et verse par exemple 50 francs par an à partir de 30 ans ; à sa mort la société remettra un capital de 2000 francs à la veuve et aux enfants quand même cette mort surviendrait avant qu'il ait versé seulement 100 francs ; c'est que d'autres sociétaires verseront pendant 40 ans peut-être et ne laisseront après eux ni femme, ni enfants.

La seconde série d'associations comprend les sociétés de secours mutuels en cas de maladie. Par exemple, à celui qui verse 1 fr. 50 par mois la société paiera, en cas de maladie, un salaire journalier de 1 à 2 francs et en outre les soins du médecin, les remèdes du pharmacien et même les frais d'enterrement. Il est facile de se procurer tous ces avantages pour une si petite somme, car en moyenne, sur 100 hommes, il y en a plus du quart de malades dans l'année et chacun de ces malades reste environ cinq jours sans pouvoir travailler. Ceux qui n'auront pas été malades auront, comme dans les autres cas, bien employé leur argent puisqu'ils auront secouru des hommes qui n'auraient pas pu se soigner et se guérir avec leurs seules ressources.

Tout en faisant partie d'une société de secours mutuels, un ouvrier peut encore s'assurer contre les accidents. S'il verse 18 francs par an il est certain d'avoir 2 fr. 50 par journée quand un accident l'éloignera de son travail pendant quelque temps et si la blessure est assez grave pour qu'il ne puisse plus jamais travailler, ce sera une pension de 300 francs qui lui sera accordée.

Bien d'autres combinaisons sont employées. Mais il n'y a pas que les individus qui s'assurent. Comme il peut y avoir des années plus malheureuses que d'autres, les sociétés d'assurances et de secours de France s'assurent entre elles pour ne pas s'exposer à quelque ruine et elles s'entendent ensuite avec celles des autres pays. Il y a ainsi des sociétés françaises qui sont assurées sur des sociétés anglaises et réciproquement. Et voici comment au lieu d'être comme des tribus sauvages toujours prêtes à se battre les unes contre les autres, les nations civilisées se rapprochent en confondant et leurs intérêts et leurs efforts pour le bien de l'humanité.

Pour se faire une idée de ce que sont les sociétés coopératives si nombreuses en Europe, surtout dans les villes industrielles, il faut connaître l'histoire de la première association de ce genre, née, quatorze ans après le débarquement des français à Sidi-Ferredj, dans une ville d'Angleterre ou se fabriquaient des étoffes de coton. Après une grève terrible, vingt-huit ouvriers résolurent de mettre leurs efforts en commun pour sortir de la misère. Très pauvres, ils s'engagèrent à donner d'abord 4 sous puis 6 sous par semaine ; au bout de 18 mois, ils avaient réuni 700 francs. Avec cette somme, ils achetèrent des aliments en gros pour leurs familles et pour celles qui voulaient acheter chez eux. Vendant au comptant, ils ne risquaient aucune perte et rendaient service à leurs acheteurs en les empêchant de s'endetter et en les obligeant à économiser avant de dépenser. Ils réussirent, car ils avaient pour règle de ne jamais acheter que de bonnes denrées et d'être très consciencieux.

Bientôt le nombre des associés s'accrut et avec lui la richesse de la société ; les bénéfices, partagés d'abord entre les sociétaires furent alors répartis entre les acheteurs eux-mêmes, ce qui conserva les clients et en attira encore d'autres. Enfin, on fit des bénéfices trois parts : la première pour créer des écoles, la seconde pour les associés, la troisième pour les acheteurs. Aujourd'hui cette société compte 10.000 membres, possède cinq millions et distribue de gros bénéfices. Comment ces pauvres ouvriers ont-ils pu remporter une pareille victoire ? Est-ce avec leurs six sous par semaine ? C'est grâce à leurs qualités morales et intellectuelles, à leur probité, à leur énergie, au développement de leur instruction et au sentiment de mutualité qu'ils avaient suscité. Ils avaient prouvé leur mérite en ayant pour premier soin de construire une école et d'ouvrir une bibliothèque pour remplacer le café ; ils savaient que détruire la misère n'est rien si l'on n'en détruit pas les causes les plus ordinaires : l'ignorance et le vice.

Les sociétés de coopération sont maintenant très nombreuses en France comme dans toutes les nations européennes ; il n'est pas de grande usine qui n'ait la sienne pour ses ouvriers et, dans les villes, les ouvriers ont également les leurs. Il en est qui ont pour objet la construction de maisons donnant à bon marché des logements propres et commodes.

Dans beaucoup de campagnes, les propriétaires trop peu riches pour acheter les coûteuses machines qui servent à labourer profondément, à faucher, à moissonner, etc., s'entendent entre eux pour les acquérir en commun. Ailleurs, les propriétaires de vignes d'une commune construisent à frais communs un bâtiment pour la fabrication du vin d'après les meilleures méthodes. On pourrait varier les exemples à l'infini.

Il y a dix ans s'est constituée dans le département d'Oran une société *La Colonisation française* qui se propose de faciliter l'établissement de colons français tout en assurant à chacun des sociétaires une pension de retraite après dix ans de présence dans la société, pension qui ne dépassera jamais 365 francs et ne sera pas moindre de 20 francs. La société a réussi : elle a acheté 3000 hectares de bonnes terres sur lesquels elle a installé vingt familles et elle a créé une grande ferme-école cultivée en commun ; nouvel exemple d'une association basée sur l'épargne collective et dans laquelle chacun fait le bien tout en y trouvant un intérêt raisonnable.

5. Ce qui a été fait en Algérie pour les indigènes. — Voyez-vous la différence entre le douar formé des meilleurs indigènes que vous connaissez, mais divisés par leurs intérêts personnels, vivant au jour le jour, faisant sans doute la charité, mais sans épargner et empruntant à des usuriers à des taux effrayants, et l'association de ces ouvriers ou colons français ? Déjà les indigènes frappés par les avantages des machines entrent peu à peu dans la voie des améliorations industrielles ; il faut qu'il en soit de même pour les œuvres de prévoyance et de mutualité. Malgré leur défiance naturelle à l'égard des étrangers, les indigènes intelligents et vraiment religieux, saisiront tous les avantages que ces œuvres leur apporteraient ; ils comprendront que les hommes qui leur prêchent l'épargne, la charité sous une forme nouvelle, l'union contre l'adversité sont animés de ce grand esprit de fraternité commun à toutes les religions et qu'enseigna le Prophète.

Quels sont les trois vices qui détruisent la bonne harmonie qui devrait régner entre les hommes? L'orgueil, l'égoïsme et les appétits corporels : l'orgueil qui pousse à dominer ses frères, l'égoïsme qui fait tout sacrifier à l'amour du gain et du profit personnel, les appétits corporels qui entraînent à satisfaire les instincts les plus bas. Ceux qui entrent dans les diverses sociétés mutuelles surmontent leur orgueil en s'adressant à d'autres moins fortunés, leur égoïsme en attachant leur sort à celui des autres, leurs instincts en pratiquant les règles de la morale, conditions essentielles de toute communauté.

La plupart des institutions ou œuvres de solidarité organisées en France fonctionnent également en Algérie parmi la population européenne et les indigènes sont libres de s'en servir au même titre que les Français. C'est ainsi que les hôpitaux civils et militaires ont soigné en 1900 près de 35.000 indigènes civils, sans compter ceux qui assistent seulement aux consultations gratuites de ces hôpitaux ; que les fous sont reçus à Beni-Messous, près d'Alger, pour être soignés ou envoyés dans un asile de France ; que l'institut Pasteur d'Alger a soigné depuis sa création en 1894 plus de 1000 musulmans mordus par des chiens enragés ; que les caisses d'épargne et les monts-de-piété sont ouverts à tout le monde, ainsi que beaucoup d'œuvres de la charité individuelle ou collective. Enfin toutes les écoles françaises d'Algérie et les grandes écoles de France reçoivent les indigènes qui veulent y étudier.

Mais depuis bien longtemps le Gouvernement a pensé qu'il serait nécessaire de faciliter aux populations indigènes l'usage des institutions européennes en modifiant celles-ci d'après les habitudes et les besoins de celles-là.

Il n'y a plus à revenir sur l'importance de l'instruction à tous les points de vue et certes, il n'est pas de proverbe plus sage que celui-ci :

اطلبوا العلم من المهد الى اللحد

« Cherchez la science depuis le berceau jusqu'au tombeau ».

C'est donc à l'instruction qu'ont été consacrés les plus sérieux efforts. La première école fut créée en 1834, à Dély-Ibrahim ; mais c'est de 1850 que date la fondation de l'école à la fois indigène et française et dirigée par un maître français assisté d'un Musulman. Ce genre d'école se développa dès que l'on eut préparé à l'école normale de Bouzaréa, près d'Alger, le nombre nécessaire d'instituteurs arabes ou kabyles. Le résultat obtenu à ce jour est satisfaisant puisque, de 30 en 1878 et de 138 en 1893, le chiffre des écoles spécialement destinées aux enfants indigènes s'élevait en 1902 à 243 et que celui de leurs élèves atteignait 26.000. De plus, on compte presqu'autant de jeunes musulmans dans les écoles européennes. Les coutumes indigènes s'opposent au développement de l'instruction des petites filles ; cependant, il a pu être ouvert pour ces enfants cinq écoles spéciales et, dans les villes, les écoles françaises en reçoivent quelques-unes.

La France se réjouit du succès des écoles qu'elle multipliera encore. Elle doit ce succès au dévouement des maîtres français et indigènes qu'elle choisit et guide avec soin, et qui, non contents d'apprendre aux enfants la lecture, l'écriture et le calcul, leur enseignent la morale, l'agriculture, le greffage des arbres, puis soignent souvent les malades et donnent des conseils pour éviter des procès. Dans une seule année, en 1900, les instituteurs ont délivré près de 8.000 livrets de caisse d'épargne représentant environ 180.000 francs. Quelle meilleure leçon de morale !

Aux jeunes gens désireux d'acquérir une instruction plus étendue, le collège ou le lycée, qui est la médersa française, est ouvert ; le Gouvernement vient en aide à beaucoup d'entre eux en réduisant la dépense ou en la supprimant tout-à-fait. Il n'y a pourtant qu'une centaine de ces élèves dans les établissements d'Algérie.

Bien loin de chercher à restreindre les études purement arabes, la France a au contraire voulu que les anciennes médersas de Tlemcen, d'Alger et de Constantine, reprissent un nouvel éclat. Sur les cent cinquante élèves qui y sont instruits, plus de cent reçoivent l'argent nécessaire pour vivre et les professeurs sont payés par le Gouvernement.

D'ailleurs pour que les tolba arrivent à la médersa avec des connaissances suffisantes en langue arabe littéraire, le Gouverneur a chargé les mouderrès des principales mosquées des villes d'enseigner cette langue. De cette façon, l'instruction française et les études arabes vont de concert à la médersa et se complètent pour faire des nouveaux tolba des hommes capables de seconder la France dans son effort de civilisation en Algérie. C'est d'ailleurs parmi ces tolba que sont choisis les adoul et cadis comme les muftis des mosquées et les mouderrès. Rien ne montre mieux comment la France entend élever ses enfants musulmans sans jamais toucher à leur foi religieuse. Il faut que les officiers indigènes deviennent les égaux des tolba des médersas, afin de pouvoir contribuer eux aussi à l'amélioration morale et matérielle de leurs frères.

Dès 1859, une école avait été établie à l'Arba'a des Beni-Iraten (Fort-National) pour développer l'habileté des ouvriers kabyles dans le travail des métaux et du bois. Détruite en partie pendant le siège du bordj en 1871 par les Kabyles révoltés, cette école a été reformée en 1878 à Dellys où elle fonctionne sans produire de résultats bien importants, il faut le dire. Dans d'autres écoles des grandes villes, on cherche à habituer les enfants aux travaux manuels et le Gouverneur fait organiser à Fort-National une école de maçons.

Cette question des travaux manuels est actuellement l'objet d'efforts destinés à augmenter le bien être des familles indigènes. Le Gouvernement voudrait que la fabrication des objets de luxe qui a été jadis si brillante parmi les indigènes, qui l'ont désapprise, redevînt pour eux une source de travail et de profits. Plusieurs essais ont été tentés; on les continuera. Déjà dans plusieurs villes il existe des ateliers dirigés par des dames françaises instruites et dévouées, où les femmes et les filles indigènes apprennent le travail des beaux tapis et des broderies.

On prépare également des ouvriers capables de fabriquer les bois ouvrés, les cuivres gravés, les belles armes ciselées, les faïences et les poteries artistiques. Ouvriers et ouvrières ainsi instruits et préparés serviront de maîtres dans les ateliers et jusque dans le douar arabe et le village kabyle. Tout cela est encore dans la période des commencements ; mais on réussira certainement, car le Gouvernement est décidé à dépenser l'argent et les efforts nécessaires.

Il en est de même pour les autres œuvres d'assistance et de prévoyance spéciales ou indigènes. Au seul bureau de bienfaisance musulman créé à Alger en 1857 pour secourir les malades, les vieillards et les pauvres, et réorganisé en 1874, le Gouverneur général, aidé par les Délégations financières, vient d'en ajouter 19 autres qui fonctionnent dans les principales villes et qui se multiplieront peu à peu. Les soins aux malades sont donnés dans 25 infirmeries indigènes et quatre hôpitaux spéciaux aux femmes ont été déjà ouverts. En même temps qu'on soignera les malades, on instruira dans ces maisons des infirmières indigènes qui seront ensuite envoyées dans les tribus pour remplacer les accoucheuses ignorantes dont l'emploi près des femmes est cause de si nombreux accidents mortels. On compte sur ces infirmières pour habituer les femmes de la campagne et des villes à plus de propreté et aussi pour faire disparaître bien des habitudes nuisibles dues à la superstition. Infirmières et ouvrières en broderie ou en tapis deviendront près des femmes indigènes si difficiles à approcher les intermédiaires de la générosité française. Les consultations gratuites de médecins qui ont lieu déjà dans le souq de beaucoup de tribus seront répandues le plus possible au fur et à mesure des ressources. La charité chrétienne s'exerce déjà dans ce sens en beaucoup d'endroits : les Kabyles connaissent bien ces femmes françaises, les sœurs blanches, qui, vouées au service de Dieu et des pauvres, vont à travers leurs montagnes visiter les femmes malades, les soigner et leur porter des remèdes ou des aliments ; il y en a aussi à Ghardaïa où elles dirigent un hôpital.

La prévoyance ne s'exerçait autrefois en Moghreb que d'une seule façon : dans les bonnes années on garnissait les silos et le grain ainsi conservé permettait de subir les mauvaises années, à moins que la misère n'atteignît des proportions exceptionnelles ce qui était malheureusement fréquent. Les officiers des Bureaux arabes s'étaient occupés de cette question des silos, mais ce n'est qu'après l'année de la famine que la première société de prévoyance pour les indigènes fut fondée à Miliana par le Général commandant la subdivision. Enfin en 1882 étaient constituées par le Gouverneur général les sociétés indigènes de prévoyance qui existent maintenant à peu près dans toutes les communes et qui réunissent environ 35.000 sociétaires, payant chaque année une somme assez faible. Les biens de ces sociétés s'élèvent à onze millions de francs, dont plus de cinq millions de blé en silos et le reste en argent. C'est le meilleur des remèdes contre les années de famine et le meilleur enseignement de la mutualité combinée avec la prévoyance. Ce n'est pas d'ailleurs par la seule possession de ces onze millions que ces sociétés sont fortes ; grâce à leur organisation et à la puissance du nombre, elles peuvent acheter à crédit pour une somme au moins égale. Elles offrent aux indigènes les avantages suivants : meilleur marché dans tous les achats et meilleure qualité des choses achetées, parce qu'on prend par grosse quantité chez des marchands connus et parce que les sociétés sont dirigées par des hommes honnêtes et instruits ; avances d'argent aux sociétaires pour acheter des outils, des instruments ou des machines ; prêt de grains de très bonne qualité pour ensemencer les champs.

Malheureusement beaucoup d'indigènes s'inscrivent ou se laissent inscrire dans une société de prévoyance et paient comme un impôt leur redevance annuelle sans connaître ces avantages et par conséquent sans en profiter ; ou bien ils perdent le bénéfice presqu'entier de leur participation à la société en faisant des cadeaux aux gardes champêtres, chefs de fraction, ou adjoints indigènes dont ils croient à tort la protection nécessaire pour obtenir une avance. Il arrive ainsi que les propriétaires riches se servent presque seuls de ces sociétés faites cependant pour tous ceux qui y sont inscrits.

CHAPITRE 3

La loi, le devoir, le droit, la tolérance

---

1. Etat légal des indigènes musulmans d'Algérie. — La loi du 14 juillet 1865 a réglé comme il suit l'état légal des indigènes musulmans d'Algérie :

« L'indigène musulman est Français ; néanmoins il continuera d'être régi par la loi musulmane. Il peut être admis à servir dans les armées de terre et de mer. Il peut être appelé à des fonctions et emplois civils en Algérie. Il peut, sur sa demande, être admis à jouir des droits de citoyen français ; dans ce cas, il est régi par les lois civiles et politiques de la France. »

Le décret du 21 avril 1866 et celui du 24 octobre 1870 qui l'a modifié ont complété ces dispositions de la façon suivante :

« La qualité de citoyen français réclamée en conformité de la loi du 14 juillet 1865 ne peut être obtenue qu'à l'âge de 21 ans accomplis.

« L'indigène musulman qui veut être admis à jouir des droits de citoyen français doit se présenter en personne devant le maire, l'administrateur ou le chef de bureau arabe de la circonscription dans laquelle il réside, à l'effet de former sa demande et de déclarer qu'il entend être régi par les lois civiles et politiques de la France. Il est dressé procès-verbal de la déclaration.

« Le maire, l'administrateur, ou le chef du bureau arabe procèdent d'office à une enquête sur les antécédents et la moralité du demandeur. Le résultat de cette enquête est transmis, avec le procès-verbal contenant la demande, au Gouverneur général.

« Si le demandeur est sous les drapeaux, le procès-verbal est dressé par le chef de corps ou par l'officier supérieur commandant le détachement auquel il appartient et transmis.... avec l'état des services du demandeur et un certificat relatif à sa moralité et sa conduite.

« L'indigène musulman, s'il réunit les conditions d'âge et d'aptitude déterminées par les règlements français spéciaux à chaque service, peut être appelé, en Algérie, aux fonctions et emplois de l'ordre civil dont le tableau est annexé au décret.

« Les indigènes titulaires de fonctions et emplois civils ont droit à la pension de retraite aux conditions, dans la forme et suivant les tarifs qui régissent les fonctionnaires civils en France. Toutefois leurs veuves ne sont admises à la pension que si le mariage a été accompli sous la loi civile française. »

Ce même décret du 21 avril 1866 qui a réglé l'admission, le service et l'avancement des indigènes de l'Algérie dans l'armée française de terre et de mer renferme à ce sujet l'article suivant :

« Sont applicables aux militaires indigènes : le code de Justice militaire et généralement tous les règlements relatifs au service et à la discipline militaires ; la loi du 19 mai 1834 sur l'état des officiers ; la loi sur les pensions de l'armée de terre à la condition toutefois, en ce qui concerne les veuves et les orphelins, que le mariage aura été contracté sous la loi civile française. »

Il faut remarquer que l'admission de l'indigène à la qualité de français confère à sa femme et à ses enfants les avantages accordés par la loi, alors même que le mariage aurait été contracté avant l'admission, mais à la condition que l'indigène n'ait pas épousé plusieurs femmes.

Quant au tableau des emplois dont il est parlé ci-dessus, il est fort long et il serait sans utilité de le reproduire en entier. Certainement les indigènes qui le connaissent sont peu nombreux et surtout ceux qui se mettent en mesure de postuler la plupart de ces emplois sont en très petite quantité. Voici les principaux de ces emplois : greffiers, interprètes judiciaires et défenseurs près des tribunaux français ; notaires, huissiers, chefs de bureau de préfectures ; tous les emplois dans le personnel administratif des prisons et des hôpitaux ; receveur municipal, administrateur de caisse d'épargne, de mont-de-piété ou de bureau de bienfaisance ; surveillant des télégraphes, facteur des postes ; capitaine de douane, conducteur des ponts et chaussées, brigadier forestier, etc...

En déclarant français tous les indigènes musulmans d'Algérie, la loi leur a donné des droits et leur a imposé des devoirs ; mais ces droits et devoirs ne sont ni de même nature, ni aussi complets que ceux des Français eux-mêmes ou des Musulmans admis à jouir des droits de citoyen français. Toutes les lois qui régissent la France ne sont pas applicables aux européens d'Algérie. Il faut donc savoir ce que sont ces droits et ces devoirs, ce qu'est la loi qui les établit et ce qu'on entend par la loi musulmane sous laquelle les indigènes, tout en étant français, continuent à vivre.

Par loi musulmane, on entend les prescriptions du Qoran ainsi que celles des hadits qui, commentées par les eulama de chaque rite, sont reconnues par les indigènes d'Algérie comme une obligation stricte dans leurs affaires de religion, de famille ou d'intérêt. La loi musulmane n'est pas unique puisque les malekia, les hanefia, et les mzabia obéissent à des doctrines différentes. Mais c'est affaire à eux et la France reconnaît également ces doctrines ; les indigènes sont libres de faire juger leurs contestations suivant l'une ou l'autre à leur choix quand il existe à la fois dans la contrée un cadi maleki et un cadi hanefi. Comme les malekia sont de beaucoup plus nombreux en Algérie, le Gouvernement ne nomme de cadi hanefi que dans les contrées où le nombre des hanefia est assez important. Toujours guidée par le même respect généreux pour les habitudes respectables des indigènes, la France a reconnu les kanouns kabyles en même temps que la loi musulmane et réglé les conditions dans lesquelles ils seraient appliqués quand des indigènes soumis à des lois différentes auraient un procès.

La loi musulmane ou les kanouns règlent donc toutes les conventions et toutes les contestations civiles et commerciales entre Musulmans ainsi que les questions de religion et de famille. Cependant, toutes les fois que les indigènes déclarent dans une convention qu'ils entendent se soumettre pour cette convention à la loi française, c'est cette dernière qui sera appliquée. Enfin les Musulmans peuvent d'un commun accord porter leur contestation devant la justice française qui juge dans ce cas d'après les doctrines de la loi musulmane ou des kanouns, et réclamer devant le tribunal français contre le jugement du cadi. Quand une contestation civile ou commerciale se produit entre des européens et des indigènes musulmans, ce même tribunal peut seul la juger et toujours d'après la loi française.

Pour tout ce qui touche à la poursuite et à la répression des crimes ou des fautes, quelle qu'en soit la gravité, commis par les indigènes dans les cas prévus par la loi française ou les règlements spéciaux à l'Algérie, aucune prescription de la loi musulmane ou des coutumes kabyles n'est valable ; c'est à la justice française sous ses différentes formes que la poursuite et la répression appartiennent exclusivement.

2. La loi française. Le code. — Toute loi française est l'expression de la volonté nationale ; elle n'existe qu'autant qu'elle a été soit votée par les représentants du peuple entier, soit, par exemple pour les décrets qui fixent l'application et le détail des lois, ordonnée par le chef du Gouvernement ou par ses agents dans les conditions déterminées par les représentants du peuple.

La loi fondamentale, celle qui donne à toutes les autres leur valeur et leur force, est par conséquent la Constitution, c'est-à-dire la loi qui a fixé la nature, l'étendue et le fonctionnement des pouvoirs chargés de représenter la nation et d'agir en son nom : chambre des députés, sénat, président de la République, ministres.

Toutes les lois peuvent être supprimées, modifiées ou remplacées quand le Parlement (sénat et chambre des députés) qui représente la nation en reconnaît la nécessité. Des lois nouvelles sont créées chaque jour.

C'est grâce à cette transformation incessante de la loi que le progrès peut être introduit chaque jour dans toutes les branches de l'activité du pays et qu'en profitant des découvertes de la science et de l'amélioration des mœurs dues à l'instruction toujours plus répandue, la France réussit à augmenter la liberté, le bien-être et la justice parmi ses enfants.

Aucune prescription, religieuse ou autre, n'est imposée aux hommes chargés de faire les lois. La Constitution de 1875 qui régit la France n'a même pas reproduit la déclaration des Assemblées de 1789 et 1793 sur les droits et les devoirs de l'homme et du citoyen. Cependant ce sont ces déclarations, devenues une sorte de loi supérieure pour les Français, qui demeurent la base de tous les principes auxquels obéissent les lois et qui se résument dans les trois mots de la devise de la France républicaine : Liberté, Egalité, Fraternité.

Toutes les lois sont écrites ; elles renferment les prescriptions réglant les rapports des hommes entre eux et elles fixent les punitions à infliger à ceux qui leur désobéissent, ou parfois des récompenses à ceux qui les observent. Personne ne peut être inquiété pour un acte qui n'est pas interdit par la loi.

Puisque la loi est la même pour tous, qu'elle exprime la volonté de la nation régulièrement représentée et qu'elle est écrite, ce qui permet à tout le monde de la connaître exactement, le premier devoir est de lui obéir franchement et sincèrement. Quiconque a le droit de trouver défectueuse une disposition de la loi, de protester contre elle, d'en désirer et d'en poursuivre le redressement par tous les moyens permis, mais il n'en a pas moins l'obligation de s'y soumettre ; la révolte ne peut pas être tolérée, car ce serait la révolte contre la majorité de la nation. Si souhaitable qu'il soit de voir la loi acceptée par tout le monde avec plaisir, c'est presqu'impossible puisque les opinions comme les intérêts sont nécessairement divers et que la loi a précisément pour objet de décider entre elles et entre eux. Chez un peuple libre et instruit, le respect de la loi, l'obéissance à la loi sont des vertus plus nécessaires encore que chez les peuples sans liberté.

On appelle code un ensemble complet de lois relatives à une matière particulière. Il y a en France cinq codes principaux.

Le code civil, commencé pendant la Révolution et terminé par Napoléon Ier, puis modifié par de nombreuses lois postérieures, renferme toutes les prescriptions relatives aux droits, devoirs et situations de l'homme dans la société et la famille : état civil, mariage, divorce, relations des parents et des enfants ou des époux, tutelle, etc..., puis à la propriété et aux conventions de toute sorte, successions, expropriations.

Le code de procédure civile règle les pouvoirs des tribunaux civils et la manière dont les juges doivent examiner et décider dans les procès ou contestations d'intérêts.

Le code de commerce, comme son nom l'indique, fixe les devoirs des commerçants entre eux, vis-à-vis de l'État et vis-à-vis des vendeurs ou acheteurs ; il règle le fonctionnement des institutions commerciales.

Le code d'instruction criminelle détermine les pouvoirs et les devoirs des autorités chargées de rechercher, de poursuivre et de punir les infractions à la loi ; il prescrit toutes les formalités à remplir pour distribuer la Justice à tous les degrés.

Le code pénal énumère d'abord tous les châtiments qui peuvent être infligés selon la gravité des fautes. Ces châtiments sont de trois espèces : ceux qui sont infamants, c'est-à-dire qui déshonorent à jamais l'homme qui les subit, et qui comportent en même temps la mort, ou les travaux forcés dans un pays lointain, ou la déportation dans un lieu éloigné avec obligation d'y demeurer sous la surveillance de la police, ou la détention dans une forteresse, ou la réclusion dans une prison avec obligation de travailler; ceux qui sont seulement infamants, c'est-à-dire la dégradation civique, le bannissement prononcé seulement pour fautes contre la sûreté intérieure du pays, la liberté ou la paix publique, et qui oblige à habiter sur un territoire étranger, et la relégation individuelle qui consiste dans le séjour dans une colonie lointaine et qui atteint les gens condamnés plusieurs fois afin de débarrasser la société de malfaiteurs incorrigibles ; les châtiments correctionnels qui sont l'emprisonnement de 6 jours à 5 ans avec obligation de travail, la privation pendant quelque temps de certains droits civiques, civils ou de famille et l'amende.

Le code pénal donne ensuite la liste de tous les crimes ou fautes moindres, avec la punition qui doit être infligée à ceux qui les ont commis. Ces infractions sont groupées par espèces : contre la sûreté extérieure ou intérieure de la France ; contre la constitution ; contre la liberté ; contre la paix publique et les abus d'autorité ; contre les particuliers (assassinats, menaces, coups et blessures, attentats aux mœurs, calomnie, injures, faux témoignage); contre la propriété (vol, banqueroute, abus de confiance, destructions, etc.); les petites fautes appelées contraventions de police et punies de 5 jours de prison et de 15 francs d'amende au plus sont ensuite énumérées. C'est dans cette dernière catégorie que rentrent les infractions sur l'indigénat.

Ce que la loi appelle la dégradation civique consiste dans l'exclusion de tous les emplois publics, la privation du droit de voter ou d'être élu membre d'une assemblée, de porter une décoration, d'être tuteur d'enfants autres que les siens, d'être employé dans une école. Quand à l'interdiction des droits civiques, civils et de famille, elle peut comprendre la défense de voter et d'être élu, de remplir une fonction publique, d'être tuteur, d'être témoin dans les actes civils ou devant la Justice, etc...

Les militaires sont soumis pour toutes les fautes spéciales à leur service à une loi particulière appelée le code de Justice militaire qui règle le fonctionnement des tribunaux militaires et détermine les punitions à infliger par eux.

Parmi les lois non comprises dans ces différents codes, les principales concernent le service militaire et l'organisation de l'armée et de la marine, l'enseignement donné dans les écoles, les relations entre l'Etat et les diverses religions, les impôts de toute nature, etc...

3. Les droits du Français. — Les droits conférés au Français par la loi sont de deux sortes : droits civils et droits civiques. Leur jouissance n'est pas absolument égale pour tous.

Les droits civils résident dans la liberté de se marier, d'exercer l'autorité paternelle, de posséder, d'acheter et de vendre, de commercer, de donner directement ou par testament, d'hériter, de travailler et d'exercer toutes les professions, d'agir en un mot en toute indépendance pour soi-même, dans la famille et dans les rapports individuels avec les autres hommes à condition d'observer la loi et de ne rien faire qu'elle interdise.

Les droits civils comprennent en outre, de façon spéciale : l'égalité devant la loi, soit qu'elle protège, soit qu'elle punisse, ce qui entraîne l'interdiction de toute différence de traitement résultant de la naissance, de la richesse ou de l'instruction. Tous les Français peuvent arriver à tous les emplois publics, depuis le plus humble jusqu'à la présidence de la République ; il suffit de s'en être rendu digne par la capacité, les vertus et les talents.

La liberté individuelle qui n'est limitée que par celle des autres hommes et par les droits nécessaires du Gouvernement. En vertu de cette liberté, personne ne peut être arrêté ou emprisonné autrement que pour des motifs et selon les règles indiqués par la loi. Aucune autorité ne peut pénétrer de force dans une maison que sur l'ordre régulier de la Justice, à moins que ce soit sur l'appel du propriétaire, ou au moment d'un crime, ou en cas d'incendie.

La liberté de conscience dont il sera parlé plus loin ; la liberté de se réunir ou de s'associer, d'écrire ou de publier des livres et des journaux pour communiquer ses idées sous réserve de la responsabilité des orateurs et des écrivains en cas d'abus.

Les droits civiques n'appartiennent qu'aux Français mâles qui, âgés de 21 ans et n'ayant subi aucune condamnation, sont des citoyens.

Le premier des droits civiques est celui de participer soi-même ou par ses représentants à la formation des lois, à la fixation des impôts et de toutes les charges publiques, telles que le service militaire, à la déclaration de la guerre contre un peuple étranger et aux conventions qui rétabliront la paix. Plusieurs systèmes ont été essayés en France et en d'autres pays pour arriver à cette participation de tous les citoyens au gouvernement. Par exemple, on peut demander au peuple entier de désigner par ses votes le chef du Gouvernement ou de dire s'il approuve ou refuse une loi ; mais il y a là de graves inconvénients pour la liberté ou la tranquillité du pays et on ne peut pas déranger à chaque instant les citoyens de leurs travaux. En France chaque département nomme un nombre de députés en rapport avec sa population et les sénateurs sont nommés, également dans chaque département, par des hommes élus antérieurement, etc....

Le second des droits civiques est de pouvoir être élu membre d'une assemblée. Ne peuvent être nommés députés que des hommes de 25 ans, et sénateurs que des hommes de 40 ans au moins qui, naturellement, n'ont pas été privés de leurs droits par la Justice. Pour être conseiller général ou conseiller municipal il faut avoir 25 ans et habiter dans la commune et dans le département.

Vient ensuite le droit d'assister la justice criminelle comme juré ; de faire partie, quand on remplit certaines conditions, des conseils de prud'hommes, des tribunaux de commerce, etc....

Les militaires sous les drapeaux ne peuvent pas exercer de droits civiques et les femmes ne les possèdent jamais.

4. Les devoirs du Français. — Tous ces droits ne sont, en résumé, jamais absolus et complets ; la loi leur assigne toujours une limite, car pour maintenir l'union et la paix dans un grand pays de 40 millions d'habitants, il est nécessaire d'éliminer les gens de désordre et les incapables. Mais, de plus, le Français doit rester toujours soumis aux obligations de sa conscience et à l'observation de ses devoirs de solidarité et de charité. Dans une société civilisée, les devoirs accompagnent toujours les droits ou même les précèdent ; quiconque ne remplit pas les uns se prive des autres et la loi pénale le lui rappellera au besoin si de mauvais sentiments, l'égoïsme ou la violence étouffent la voix de sa conscience et l'empêchent de comprendre son véritable intérêt.

Il est inutile de revenir sur les devoirs civils et de famille dont on a parlé déjà dans les chapitres précédents.

L'égalité des droits entraîne l'égalité des devoirs. Toutefois cette égalité n'existe d'une facon complète que dans l'accomplissement du devoir capital qui est de défendre l'honneur et la liberté de la nation contre les étrangers, c'est-à-dire dans l'accomplissement du service militaire.

Tout Français âgé de 21 ans doit en temps de paix passer 3 ans dans l'armée ou dans la marine, puis y revenir plus tard 3 fois pour 28 jours ou pour 13 jours afin de conserver son instruction et rester en état de faire un bon soldat. La guerre survient-elle, tous les hommes, jusqu'à 45 ans, sont appelés pour combattre. Il y a pendant la paix des dispenses d'une partie du temps de service, distribuées, dans l'intérêt du pays, pour favoriser l'instruction des hommes destinés aux professions les plus utiles et les plus longues à apprendre ou, par esprit de charité, pour ne pas priver une famille du fils qui la protège et la fait vivre ; les dispenses disparaissent en temps de guerre. Les hommes infirmes ou trop faibles pour supporter les fatigues du service ne sont appelés ni en paix ni en guerre, mais, de même que ceux qui sont dispensés d'une partie du temps de service, ils paient un impôt spécial en argent. Riches et pauvres, fils d'anciens seigneurs ou descendants de rois et fils d'ouvriers, jeune homme ayant étudié dans les écoles de 8 ans à 20 ans et bergers sachant à peine lire, tous les Français sont confondus sous le même uniforme, dans la même caserne et à la même table. C'est l'égalité parfaite dans le devoir envers la patrie.

L'égalité devant l'impôt en argent ne peut être aussi grande que devant l'impôt du sang ; tous les Français ne paient pas la même somme à l'Etat, au département, à la commune. Mais quiconque possède un bien ou exerce une profession, ou se sert d'un objet pour lequel la loi a ordonné un impôt paie celui-ci d'après le même calcul que tous les autres. Le paiement de l'impôt constitue un devoir très sérieux puisque l'Etat, le département ou la commune ne possèdent pas d'autres ressources et que c'est avec le produit de l'impôt que sont entretenus tous les organes qui assurent la sécurité du pays, protègent les intérêts, travaillent à augmenter la prospérité et que peuvent être remplis les obligations de solidarité et de prévoyance sociales.

Aucun impôt ne peut être exigé d'un Français s'il n'a pas été voté par le Parlement et réparti, suivant les prescriptions de la loi, par les autorités qui en sont chargées. Mais des dispositions sévères sont prises contre celui qui ne paie pas sa part.

Rien n'a plus d'influence sur le bonheur ou sur le malheur de la société entière que le choix des hommes qui seront nommés sénateurs, députés, conseillers généraux ou même conseillers municipaux. Outre l'observation des règles établies par la loi pour les élections, il est un devoir qui s'impose à chaque citoyen : voter en employant tout ce qu'il a d'intelligence, de jugement et de conscience, pour des hommes capables, sages, justes et connus pour leur dévouement, sans se laisser éblouir par des promesses mensongères ou corrompre par des offres d'avantages personnels. Plus la nation possède de liberté, plus il est nécessaire que tous ceux qui participent à la souveraineté connaissent ses besoins et soient instruits. De là vient le devoir imposé aux pères de famille pour l'instruction des enfants et les dépenses énormes que la France a consenties pour multiplier les écoles et former de bons instituteurs.

5. Droits et devoirs du Musulman d'Algérie. — Les Français qui habitent l'Algérie jouissent des mêmes droits civils et civiques que les autres Français et ils ont les mêmes devoirs. Les indigènes musulmans devenus citoyens français sont dans les mêmes conditions au point de vue civil, comme au point de vue civique ; une fois inscrits à l'état civil ils seront soldats, s'ils n'ont pas dépassé l'âge auquel le service militaire est dû, ils paieront l'impôt et ils seront tenus à respecter les lois ; moyennant cela leur liberté et leurs intérêts seront protégés. Il faut donc qu'avant de demander la qualité de citoyen, l'indigène se renseigne sur les devoirs qu'il devra remplir et ne songe pas seulement aux droits dont il recherche la jouissance. Comme tous les Français, il sera libre de suivre la religion de l'Islam en tout ce qui touche aux croyances et aux pratiques telles que la prière, les ablutions, la circoncision, le jeûne, le pélérinage ou la ziara, les fêtes, etc.... l'enterrement, Mais il devra contracter mariage devant le maire, se soumettre à toutes les déclarations d'état civil pour les naissances, la mort...., observer vis-à-vis de sa femme et de ses enfants les prescriptions de la loi française, par conséquent ne divorcer que sur jugement du tribunal, ne pas marier ses enfants, avant l'âge fixé, et sans qu'ils le veuillent ; il n'aura jamais recours au cadi et il suivra les règles du code civil pour la donation de ses biens, soit pendant sa vie, soit par testament après sa mort.

Quant à l'indigène resté sous la loi musulmane, ses droits civils sont ceux qu'elle lui donne ; ils sont en réalité de même nature et même beaucoup plus étendus parfois que ceux des Français puisque la qualité de Français lui assure dans la possession de ses biens, dans son travail ou dans sa profession une protection et une sécurité que ses pères n'avaient connues à aucune époque, aussi bien dans le Bled El Arab qu'en Moghreb. Si la liberté individuelle de l'indigène est moindre que celle du Français, puisque le premier est soumis aux obligations spéciales de l'indigénat, ces obligations ne sont pas du moins laissées au caprice des autorités et toute réclamation justifiée rencontre toujours un accueil bienveillant et juste. D'ailleurs on ne tardera pas à diminuer ces obligations sinon à les supprimer tout-à-fait et déjà le Gouverneur en a dispensé une nombreuse liste de gens dont l'honorabilité et la fidélité paraissent certaines. Contre toute atteinte à ce qu'il croit être un droit, l'indigène peut, et il le sait depuis longtemps, faire parvenir sa réclamation jusqu'aux chefs du Gouvernement et au Parlement qui les examinent avec autant d'attention, et peut-être plus, que celles du Français. Sa liberté de conscience est aussi complète que jamais elle a pu l'être et la France permet au Musulman bien des choses qu'elle s'interdit à elle-même.

Seuls les droits civiques n'ont pas été donnés et ils ne le seront pas tant que la manière de penser et les mœurs des indigènes n'auront pas été profondément modifiées. La plupart ignorent l'existence de ces droits et bien rares sont encore ceux qui en comprennent le but et les conséquences. Dès qu'il a paru possible et avantageux pour eux d'admettre les indigènes à l'étude, à la préparation et au vote des règlements intéressant la prospérité de l'Algérie, par exemple au vote de l'impôt, le Gouvernement s'est empressé de le faire. Il a associé les indigènes à l'œuvre de la justice et chaque jour des progrès nouveaux sont obtenus. C'est très juste, très sage et très utile ; mais on ne peut désigner, pour les diverses fonctions dans les conseils et dans les tribunaux, que les plus instruits et les plus dévoués à la France. Tant qu'il n'y aura pas d'état civil complet et sérieux et que la langue française ne sera pas parlée et lue par la grande majorité des indigènes musulmans, il faudra rester dans les limites de la loi de 1865 et n'admettre qu'individuellement aux droits de citoyen ceux qui offriront des garanties de moralité, de sincérité et d'instruction. Mais il faut souhaiter que la quantité des demandes d'admission devienne très grande et les efforts de la France dans ce but ne sauraient être méconnus par les gens sensés et de bonne foi. N'a-t-on pas déjà donné le droit de voter à d'assez nombreuses catégories d'indigènes ?

Les devoirs des indigènes sont en rapport exact avec leurs droits. Ces devoirs sont de même espèce que pour les Français dans tout ce qui concerne les questions individuelles ou de famille ; au point de vue civique, ils comprennent simplement la soumission à la France et le paiement de l'impôt. La France pourrait évidemment exiger d'eux le service militaire pour la défense de leurs propriétés et de leurs familles, ainsi que pour le maintien de la domination française ; il est probable qu'elle le fera à une date plus ou moins lointaine et ce serait l'emploi plus complet et plus efficace, dans toute l'Algérie, du goum et du makhzen dont les services longtemps utilisés dans le Tell ne sont plus exigés qu'au Sahara. D'ailleurs les goums et le makhzen procurent, en compensation du service fourni, certains droits et avantages qui ne sont jamais accordés en France à personne ; le service militaire est tout autre chose. Pour l'impôt également, l'indigène paie proportionnellement beaucoup moins que l'Européen d'Algérie, ou les gens de France ; la somme produite par les impôts est loin d'égaler les dépenses que le Gouvernement supporte pour protéger les Musulmans d'Algérie chez eux ou à l'étranger et pour augmenter leur bien-être.

Il y a en vérité des dépenses que les indigènes supportent injustement et sans utilité ; ce sont les cadeaux qu'ils font trop souvent aux moindres employés du Gouvernement, quand ils ont une demande ou une réclamation à présenter à l'autorité française.

Ils devront perdre ces mauvaises habitudes du temps des Turks, que la loi française interdit. L'employé du Gouvernement qui accepte des cadeaux pour faire son devoir et surtout pour ne pas remplir les obligations de son emploi, commet une faute grave. En France, on punit à la fois l'employé qui reçoit le cadeau et celui qui le donne. Il en serait de même en Algérie si les indigènes devenus plus instruits comprenaient mieux leurs intérêts en même temps que leurs droits et leur devoir d'honnêtes gens.

6. Liberté de conscience et tolérance. — Renfermé dans son farouche isolement, incapable de comparer sa situation actuelle avec celle infiniment triste qui était la sienne du temps des Turks et des anciens sultans arabes ou berbères, ignorant tout du Français, de ses idées et de ses projets, et s'obstinant à ne voir en lui que le « roumi » détesté, le malheureux arabe du Bled Er Rah'ala comme le berbère de la montagne se croit opprimé et humilié par son conquérant. Celui-ci est le chien, fils de chien, le Kafir sur lequel est appelée la malédiction de Dieu et du Prophète. Et le chien, le Kafir répond en donnant au Musulman, avec son titre de Français dont il a le droit d'être fier parmi toutes les nations, des droits considérables avec des devoirs très réduits. Lui aussi, le Français aurait pu, puisqu'il avait la force et parce qu'il sait la vérité, imposer sa langue, ses mœurs et sa religion à ceux qu'il avait loyalement vaincus ; il ne l'a pas voulu et il s'est volontairement donné la peine d'étudier l'Islam, la langue arabe et la langue berbère pour se rapprocher des pauvres et des ignorants et pour essayer de les rendre plus heureux en les grandissant. Disciple d'une religion plus ancienne que l'Islam, qui porte en elle les preuves de sa sainteté et de sa puissance, le Français n'a voulu retenir de ses prescriptions que le devoir de fraternité qu'elle enseigne ; des idées que sa civilisation, la plus complète et la plus glorieuse du monde entier, lui a permis d'acquérir, c'est à la plus généreuse qu'il a demandé la règle de conduite à tenir vis-à-vis des indigènes : la tolérance qui est le devoir découlant de la liberté de conscience.

C'est cette tolérance, ce respect de la conscience d'autrui, que les indigènes doivent apprendre et pratiquer ; et si l'action prolongée du temps est nécessaire pour éclairer l'esprit des gens qui vivent loin des villes du Tell, dans quelques années, il deviendra honteux pour les Musulmans intelligents qui fréquentent les Français, de ne pas l'observer du fond du cœur.

Chrétiens et Musulmans sont des « Beni Adem » et ils ont recueilli les mêmes leçons.

و لقد اتينا موسى الكتاب و قفينا من بعده بالرسل و اتينا عيسى ابن مريم البينات و ايدناه بروح القدس

« Nous avons donné le livre de la loi à Moussa et nous l'avons fait suivre par d'autres envoyés ; nous avons accordé à Aïssa ould Meriem des signes manifestes et nous l'avons fortifié par l'esprit de sainteté. » (Qoran II-81).

و قفينا على اثارهم بعيسى ابن مريم مصدقا لما بين يديه من التورية الانجيل فيه هدى و نور * و ليحكم اهل الانجيل بما انزل الله فيه و من لم يحكم بما انزل الله فاولئك هم الفاسقون

« Sur les pas des autres Prophètes nous avons envoyé Aïssa ould Meriem pour confirmer la Toura. Nous lui avons donné l'Endjil (Evangile) qui continue la direction et la lumière... Les gens de l'Endjil jugeront d'après l'Endjil. Ceux qui ne jugeront pas d'après un livre de Dieu sont infidèles. » (Qoran V. 50 et 51).

و لا تجادلوا اهل الكتاب الا بالتي هي احسن الا الذين ظلموا منهم و قولوا امنا بالذي انزل الينا و انزل اليكم و الهنا و الهكم واحد و نحن له مسلمون

« N'engagez de discussions avec les hommes des Ecritures que de la manière la plus honnête à moins que ce soient des hommes méchants. Dites : nous croyons aux Livres qui nous ont été envoyés ainsi qu'à ceux qui vous ont été envoyés. Notre Dieu est le même que le vôtre et nous nous résignons entièrement à sa volonté. » (Qoran XXIX-45).

قل امنا بالله و ما انزل علينا على ابراهيم و اسمعيل و اسحق و يعقوب و الاسباط و ما اوتي موسى و عيسى و النبيون من ربهم لا نفرق بين احد منهم و نحن له مسلمون

« Dis : Nous croyons en Dieu, à ce qu'il nous a envoyé, à ce qu'il révéla à Ibrahim, Ismail, Yaqoub et aux douze tribus ; nous croyons aux Livres saints que Moussa, Aïssa et les Prophètes ont reçus du ciel ; nous ne mettons aucune différence entre eux, nous sommes résignés à la volonté de Dieu. » (Qoran III-78).

De même, les Chrétiens respectent très sincèrement Moh'ammed comme un grand serviteur de Dieu qui a arraché des multitudes à l'adoration des idoles. Peu importe d'ailleurs que les religions aient ou non une commune origine pourvu qu'elles préservent les hommes des mœurs sauvages et les obligent à respecter la vie et les biens de toute sorte des autres hommes, à pratiquer la bonté et la justice, à secourir le faible, à honorer les parents, à fuir le vice et le mensonge. Dieu est le même pour tous les hommes et ce n'est pas la façon de le prier, pas plus que de s'habiller ou de manger qui l'intéressent; il reconnait ses enfants quels que soient leur langage, leur habit ou leurs habitudes et il leur demande surtout d'observer ses lois. C'est bien mal l'honorer que d'oser en son nom tuer, maltraiter ou mépriser ceux qui l'adorent autrement que nous.

ان الذين امنوا و الذين هادوا و النصارى و الصابئن من امن بالله و اليوم الاخر و عمل صالحا فلهم اجرهم عند ربهم ولا خوف عليهم ولا هم يحزنون

« Certes, ceux qui croient et ceux qui suivent la religion juive et les chrétiens et les Sabéens, quiconque croit en Dieu et au jour dernier et qui aura fait le bien : tous ceux-là recevront une récompense de leur seigneur ; la crainte ne descendra pas sur eux et ils ne seront point affligés. » (Qoran II-59).

ليس على الذين امنوا و عملوا الصالحات جناح فيما طعموا اذا ما اتقوا و امنوا و عملوا الصالحات ثم اتقوا

« Ceux qui croiront et qui auront fait le bien ne seront pas regardés comme coupables à cause de ce qu'ils mangent s'ils ont cru et s'ils sont pénétrés de la crainte de Dieu, s'ils font le bien et craignent Dieu. » (Qoran V. 96).

Oui vraiment, il est un sot orgueilleux et un fou l'homme qui se croit seul un bon serviteur de Dieu parce qu'il prie autrement que son voisin et parce qu'il se nourrit avec tels aliments ou ne boit pas de telle boisson. Loin de blâmer les Musulmans des règles qu'ils observent pour le choix de la chair qu'ils mangent, pour leur façon de tuer les animaux ou pour leur mépris des boissons fermentées, les Français désirent beaucoup que l'ivrognerie ne se répande pas parmi eux. Chaque peuple a ses habitudes qui lui sont presque toujours imposées par le pays qu'il habite et par le climat. Dieu n'a pas donné à tous les mêmes animaux, les mêmes arbres, les mêmes plantes. Il y a bien d'autres différences plus graves d'un pays au pays voisin. Mais tout cela n'a rien à voir avec la religion qui est la foi en Dieu unique, Maître des mondes, et avec la pratique du devoir.

و عباد الرحمان الذين يمشون على الارض هونا و اذا خاطبهم الجاهلون قالوا سلاما

« Les serviteurs du Miséricordieux sont ceux qui marchent avec modestie sur cette terre et qui disent : Paix à vous, aux idolâtres qui leur adressent la parole. » (Qoran XXV-64)

و اصبر على ما يقولون و اهجرهم هجرا جميلا * و ذرني و المكذبين اولى النعمة و مهلهم قليلا

« Supporte avec patience les discours des infidèles et sépare-toi d'eux d'une manière convenable. Laisse-moi seul avec les incrédules qui jouissent des biens de ce monde. Accorde-leur un peu de répit. » (Qoran LXXIII-10 et 11).

ليسوا سواء من اهل الكتاب امة قائمة يتلون ايات الله اناء الليل وهم يسجدون * يؤمنون بالله و اليوم الاخر و يامرون بالمعروف و ينهون المنكر و يسارعون في الخيرات و اولئك من الصالحين

« Tous ceux qui ont reçu les Ecritures ne se ressemblent pas. Il en est dont le cœur est droit, ils passent des nuits entières à réciter les enseignements de Dieu et à l'adorer. Ils croient à Dieu et au jour dernier ; ils ordonnent le bien et défendent le mal ; ils courent vers les bonnes œuvres à l'envi des uns des autres et ils sont vertueux. » (Qoran III-109 et 110).

عسى الله ان يجعل بينكم و بين الذين عاديتم منهم مودة و الله قدير والله غفور رحيم * لا ينهيكم الله عن الذين لم يقاتلوكم في الدين و لم يخرجوكم من دياركم ان تبروهم و تقسطوا اليهم الله يحب المقسطين

« Il se peut que Dieu établisse entre vous et vos ennemis la bienveillance réciproque. Dieu peut tout, il est indulgent et miséricordieux. Dieu ne vous défend pas d'être bons et équitables envers ceux qui n'ont point combattu contre vous à cause de votre religion et qui ne vous ont point banni de vos foyers. Il aime ceux qui agissent avec équité. » (Qoran LX-7 et 8).

Que signifie le gros reproche adressé au Chrétien par le Musulman, de donner à Dieu des associés et d'adorer des images ? La chaheda des Chrétiens commence ainsi : « Je crois en Dieu unique » et l'idée chrétienne de Dieu en trois personnes est bien différente de l'association qu'y voient les Musulmans. Quant aux statues et aux images qui ornent les églises chrétiennes, ce ne sont pas plus des idoles que les statues qui se dressent sur les places publiques et les peintures précieuses réunies dans les musées. Que représentent ces images de pierre ou de marbre, peintes ou photographiées ? Placées dans les églises, elles rappellent aux croyants la présence de Dieu et rendent sensibles aux gens simples les attributs de la divinité ; elles rappellent les grands saints entrés dans l'éternité et dont la vie a été un modèle de vertu qui a contribué à rendre les hommes meilleurs. Le Chrétien sait très bien que ces images ne sont pas des idoles et que ce n'est pas à elles, mais à Dieu lui-même, l'Invisible, que vont l'adoration et la prière. Tel le Musulman, ayant bâti une qoubba en l'honneur d'un ouali célèbre par ses vertus ou sa science, s'y rend pour l'honorer et lui demander son intercession près de Dieu. Il n'y a pas de différence entre la qoubba d'un ouali et la statue ou l'image d'un saint chétien.

Quant aux images non religieuses, le Chrétien qui les façonne de ses mains est inspiré par le sentiment de la beauté mise dans son âme par le Créateur. C'est ce sentiment de la beauté qui fait le grand artiste, poète, musicien, peintre ou sculpteur.

C'est assurément une des grosses erreurs des peuples musulmans que de mépriser depuis tant de siècles toute pensée d'art élevé et de n'avoir pas, comme les Chrétiens, compris que la destruction des images des faux Dieux a été autrefois chose nécessaire, mais que Dieu unique, créateur de toute beauté et qui en a mis le besoin au cœur de l'homme, ne peut pas réprouver l'œuvre des artistes qui est un hommage à sa puissance. Quand les Musulmans se seront instruits, ils reconnaitront que leur religion ne saurait être diminuée par la pratique des arts tels que la peinture et la sculpture, ou par l'usage de la photographie qui est si utile, si agréable, si innocente.

En s'inspirant comme les nations d'Europe et d'Amérique de cet esprit de tolérance et de respect pour les croyances d'autrui, les indigènes musulmans d'Algérie se rapprocheront de la France, s'associeront à son travail et répondront à son désir de leur procurer liberté, paix et richesse, considération et talent.

Les chioukh des quatre medaheb de la Mecque ont, dans une fetoua, en 1893, déclaré que l'Algérie française fait partie du Dar El Islam.

C'est à vous tirailleurs, caporaux, sergents et officiers indigènes pour qui ce livre a été écrit par vos officiers français, c'est à vous de donner l'exemple et d'entrer dans cette élite d'Arabes et de Kabyles qui prennent dans les écoles d'Alger la science française pour la distribuer à leur tour aux jeunes gens d'Algérie. Ne croyez pas surtout que la tolérance et la liberté de conscience ne puissent pas s'allier à l'observation complète de l'Islam et que vos chefs, ou un Français quelconque, aient plaisir à ce que vous cessiez de faire les cinq prières, de jeûner et d'honorer les saints. Vos chefs aiment et respectent avant tout l'homme d'honneur, ferme et éclairé qui suit avec franchise et conviction la ligne de conduite que lui tracent sa conscience et sa raison.

4e PARTIE.

CONSEILS A UN CANDIDAT OFFICIER INDIGÈNE

1. Ce que doit être l'officier. — Vous travaillez pour devenir officier indigène, pour obtenir des droits au commandement, à l'avancement, à la Légion d'Honneur, à la retraite, etc., en un mot des droits analogues à ceux de l'officier français. Or quiconque occupe une situation donnant des droits ne mérite de les exercer que s'il remplit les devoirs que lui impose cette situation.

Le premier de vos devoirs sera une reconnaissance sincère envers la France qui vous a fait une faveur exceptionnelle en vous traitant comme un citoyen français, tandis que vos compatriotes, même ceux qui sont pourvus d'emplois élevés, restent de simples sujets ; sans vous obliger à vous faire naturaliser elle vous place aux côtés des ses officiers choisis parmi les meilleurs de ses enfants. Les autres nations n'ont point témoigné une pareille bienveillance aux indigènes ; l'Angleterre ne leur accorde même pas le droit de donner un ordre à un simple soldat de l'armée britannique.

On a entendu quelquefois un officier indigène égaré par l'ambition réclamer un avancement semblable à celui des officiers français ; l'injustice de cette plainte saute aux yeux. Soyez convaincu que l'avancement des officiers indigènes sera favorisé quand ils auront acquis les vertus, l'instruction et les qualités militaires des officiers français. Vous pouvez juger vous-mêmes, pour peu que vous réfléchissiez, du chemin qui leur reste à faire.

Si votre situation est très belle, elle est aussi très grave. Vous avez sous vos ordres des indigènes, des rangs desquels vous sortez et à qui vous devez prouver que vous n'êtes pas devenu seulement leur supérieur par le galon, mais parce que vous avez acquis des qualités qui leur manquent. Vous aurez sous vos ordres des Français, souvent plus instruits que vous, fiers de leur civilisation, portés quelquefois à dédaigner l'indigène de mœurs sauvages et illettré ; à ceux-là encore il s'agira de prouver qu'il y a chez les indigènes des hommes aux sentiments élevés, à l'instruction solide quoique élémentaire, et que vous en faites partie.

Ce n'est pas le jour où vous aurez revêtu votre uniforme de sous-lieutenant que vous serez un véritable officier ; c'est le jour où vous sentirez que les hommes de votre section vous aiment ; c'est le jour où votre capitaine au lieu d'être forcé de vous faire lire ses ordres par un tirailleur français, ou bien de les expliquer à un gradé français en même temps qu'à vous, vous dira à vous seul la mission que vous avez à remplir ; c'est le jour où vous verrez que vous avez gagné la confiance de vos inférieurs et mérité celle de vos chefs.

Nous allons chercher comment vous pourrez atteindre ce but.

2. Devoirs comme éducateur. — A un sergent, on ne parle que de ses devoirs de métier, à un officier on doit dire plus.

Que demande-t-on en France, à l'officier ? d'être à la fois l'éducateur et le chef de ses hommes. Pourquoi ne chercheriez-vous pas à faire comme lui ?

De même qu'en France l'officier s'efforce de faire du jeune soldat un homme capable de vaincre les difficultés de la vie, de même vous pourriez faire du bien à l'engagé qui arrive de son douar avec une éducation morale et une instruction également nulles.

Vous pouvez faire du bien aux engagés au point de vue moral.

Sans doute le Qoran contient des principes très beaux qui permettent à un homme de devenir parfait ; mais vous savez bien que le plus souvent ces principes sont méconnus dans les tribus. Combien d'Arabes et de Kabyles ne connaissent que les pratiques extérieures de la religion musulmane et foulent aux pieds, parce qu'ils les ignorent, les règles de conduite posées par le Prophète, les grandes idées qui ont permis à l'Islam de triompher de l'idolâtrie et dont la disparition presque totale est la cause de l'infériorité des races musulmanes ! Que savent-ils de tout cela ? Rien que ce que leur racontent des marabouts ignorants comme eux, qui invoquent à tort et à travers à l'appui de leurs récits le Qoran, qu'ils n'ont pas lu, soit pour tirer de l'argent de la poche des Musulmans, soit parce qu'ils en reçoivent d'étrangers intéressés à nuire à la France.

Ce livre contient un nombre de versets du Qoran suffisant pour vous prouver que, si on le suivait dans les tribus, on y commettrait pas autant d'injustices, de vols et de crimes, qu'on travaillerait, qu'on s'instruirait, qu'on pourrait acquérir les qualités des nations civilisées qui deviennent peu à peu, mais sûrement, les maîtresses de la terre. Des principes moraux, vous pouvez les donner à vos soldats qui en rapporteront quelque chose dans leur douar au jour de leur libération. Envisageons l'honnêteté, par exemple. Prenez ce jeune Kabyle à qui l'on n'a jamais dit que voler était mal, ce jeune commissionnaire d'Alger qui n'a eu que de mauvais exemples sous les yeux à la porte des bains maures où il couchait, qui a été dressé à exploiter l'étranger. Parlez-lui de probité ! Pourquoi n'éveilleriez-vous pas dans son cœur un sentiment inconnu, le respect de la propriété d'autrui ? Vous ne pouvez pas répondre que cela est impossible, car vous admettriez que votre race ne peut plus fournir que des voleurs, et cela n'est pas. Vous lui apprendrez à ne pas s'approprier ce qui appartient à son voisin, en lui montrant qu'une pareille action dans la chambrée, où tout est commun, où rien n'est enfermé, est aussi odieuse que si elle s'exerçait dans la famille aux dépens de son frère. Vous citerez au besoin un passage du Qoran. Vous finirez par exposer quels châtiments encourt le voleur. Tout de suite, s'il a un peu de cœur, ce jeune homme vous comprendra et voudra être un honnête homme ; s'il n'est pas intelligent il deviendra honnête à la longue, par la force de l'habitude. Pourquoi, de voleur, votre frère indigène ne deviendrait-il pas honnête ? Vos ancêtres ont fait un tour de force bien plus grand quand, à la voix de Moh'ammed, ils ont renoncé, non-seulement à adorer les idoles, mais à toutes les pratiques sauvages de l'idolâtrie. Donc vous aurez fait un honnête homme ; c'est un honnête homme que vous rendrez à sa famille, à sa tribu au jour de sa libération, c'est un modèle à suivre que vous renverrez au milieu des siens ; ce sont vos idées qu'il rapportera chez lui et, grâce à vous, il contribuera à relever vos compatriotes aux yeux de tous. Voilà un but qui doit vous tenter.

Il serait trop long d'énumérer les autres vertus que vous pourrez enseigner. Disons seulement un mot de l'instruction.

Supposons que vous ayez à cœur de surveiller le cours de français. Vous aurez la satisfaction de voir certains tirailleurs faire des progrès. S'ils restent au Régiment, leur avancement s'en ressentira : dans tous les cas, ils s'éviteront bien des ennuis. S'ils se font libérer, ils trouveront un grand avantage à la connaissance de la langue française pour exercer leur profession ou leur commerce, pour avoir des rapports avec les colons, pour obtenir un emploi de l'administration, pour voyager ; dans leurs familles, sans s'en douter, ils rapporteront le bienfait de l'instruction acquise au Régiment et, quand au bout de quelques années ils seront plus nombreux, le niveau intellectuel des Arabes en sera plus élevé. Par cette vulgarisation de l'instruction, les Européens et les Indigènes se comprendront mieux et s'entendront mieux ; tous y gagneront.

Voilà le beau résultat auquel vous pourrez concourir si vous ne dédaignez pas de vous faire maître d'école une heure par jour, pour le bien du service et pour le bien des indigènes.

Pour jouer ce rôle d'éducateur, il vous faut donner à vos soldats l'exemple des vertus que vous prétendez développer dans leur âme et augmenter votre instruction pour qu'elle soit plus complète que la leur. Cette pensée que vous devez être un modèle pour vos inférieurs et la conscience des efforts faits pour le devenir vous soutiendront si vous traversez une crise morale, si vous vous laissez décourager par la difficulté de s'instruire à votre âge. Du reste, la récompense ou le châtiment ne se feront pas attendre, car rien n'échappe aux yeux des subordonnés. Si vous avez une conduite débauchée, ils le sauront ; si vous agissez avec eux sans franchise, sous l'empire de sentiments mauvais, par intérêt, par ambition, ils s'en rendront compte ; dans les deux cas, vous serez méprisé ; vous aurez beau avoir du galon, vous ne serez pas chef. Si au contraire vous avez une conduite honorable, si vous aimez vos hommes, vous serez estimé et aimé, vous aurez votre section dans la main, vous serez vraiment son chef au point de vue moral.

3. Devoirs spéciaux de l'officier indigène d'Algérie. — Votre rôle peut grandir encore, parce que vous appartenez à une armée coloniale, si vous comprenez votre mission vis-à-vis des Indigènes et des Français de votre compagnie.

Aux Indigènes vous montrerez les bienfaits que la France leur apporte en leur expliquant ce qu'ils étaient sous la domination turque, et ce qu'ils seraient sous la domination de certains peuples qui n'ont pas hésité à refouler dans les déserts les indigènes vaincus. Vous leur prouverez que la meilleure manière de défendre leurs terres, c'est de les cultiver ; que le plus sûr moyen de se faire respecter, c'est de mériter la considération par des mœurs honnêtes et douces, conformes en cela à la doctrine de Moh'ammed ; que le Qoran ne condamne pas les procédés perfectionnés de la civilisation ; en résumé que notre colonisation est encore plus avantageuse pour les Indigènes que pour les colons.

Aux tirailleurs français vous faciliterez l'étude des langues et la connaissance du caractère de l'indigène ; vous leur donnerez des renseignements sur les productions de la région où se trouve votre garnison et de celles que vous traversez aux grandes manœuvres; sur le climat ; sur les conditions du travail ; sur ce qu'il y aurait à faire pour améliorer la colonie ; vous leur raconterez encore ce que vous avez vu dans le sud, à Madagascar, au Tonkin, et vous contribuerez ainsi à ouvrir leurs idées et à former leur jugement.

Vous donnerez à ce double enseignement une forme pratique quand l'occasion s'en présentera en visitant avec les plus intelligents de vos hommes une exploitation vinicole, une ferme, un moulin, des métiers indigènes, etc...

Voyez si votre rôle est grand ! Il consiste à faire du bien à des hommes de deux races qui doivent désormais vivre sur le même sol et sous le même ciel.

Si vous vous placez à ce point de vue élevé, le seul digne d'un homme vivant au 20e siècle, vous n'en remplirez que mieux le rôle militaire dont nous allons parler car, au milieu des détails parfois ennuyeux de la besogne de chaque jour, vous serez soutenu par de hautes idées.

4. Devoirs militaires. — En quoi consiste votre devoir militaire ? A préparer votre section à la guerre. Comment le ferez-vous ? Tout d'abord en vous y préparant vous-même par l'entraînement physique, par l'étude de la guerre et par la pratique de qualités spéciales nécessaires pour être un bon officier : tout cela est intimement lié et se confondra en un seul effort continu qui fera de vous un modèle de vigueur, de connaissances militaires, de conscience.

Entraînement. — Le travail journalier vous maintiendra sans doute dans des conditions d'entraînement suffisantes pour être prêt à entrer en campagne du jour au lendemain. Vous serez même favorisé. Vous êtes sous le ciel où vous êtes né, vous êtes à l'abri des maladies qui menacent l'Européen. Tandis que l'officier français doit parfois prendre des ménagements, vous n'avez aucune raison d'épargner votre peine, aucun motif de traduire les fatigues que vous éprouverez par des paroles découragées, par des attitudes d'homme épuisé, comme certains tirailleurs de 2e classe.

La fatigue permet de mesurer ce que vaut l'officier. Nous sommes à la fin d'une manœuvre en montagne, longue et pénible. Voyez ces deux officiers. L'un déboutonne sa tunique, s'éponge avec son mouchoir, pousse des soupirs et, des yeux, cherche l'ombre ; il n'a plus ni la patience d'écouter la critique, c'est-à-dire l'enseignement, ni le courage de s'occuper de ses hommes qui avaient, eux, sac au dos. L'autre, plein d'amour-propre, ne veut pas se laisser aller ; il écoute attentivement la parole du directeur de la manœuvre, il s'interroge lui-même et cherche à se rendre compte de la liberté de jugement, de la clarté d'intelligence et de l'énergie qui lui restent ; il ressent la même fatigue que son voisin, peut-être davantage, mais il va à ses hommes, avant de songer à lui, parce qu'il les aime plus que lui-même et, d'un mot, prévient les imprudences ou les maladies ; il empêche, par sa présence seule, les mouvements d'humeur qui peuvent dégénérer en actes d'indiscipline quand on commande les corvées. En un mot, par sa vigueur, à l'assaut comme au repos, l'officier sera à la tête de sa troupe ; pendant la marche, il disait : « Suivez-moi » ; pendant la halte il agira de telle sorte que, sans qu'il ait besoin d'ouvrir la bouche, toute sa personne dira : « Regardez-moi ».

Instruction militaire. — L'étude des règlements ainsi que la lecture des instructions données par vos chefs, vous feront connaître ce que vous avez à apprendre sur le combat.

Mais vous devrez les compléter par un travail personnel, par un travail bien simple qui consistera à vous demander souvent : que ferais-je si l'ennemi était signalé au loin, s'il se montrait tout près de moi ? Vous êtes, en Algérie, dans des conditions infiniment plus favorables que l'officier en Europe si vous voulez penser. En effet, l'officier d'Algérie peut avoir affaire à un ennemi européen débarquant en Afrique, à un ennemi indigène dans la montagne ou dans le Sahara, à un ennemi différent encore au Tonkin, à Madagascar, ou dans l'Afrique occidentale : autant d'ennemis, autant de pays divers, autant de sortes de combats différents. Vous jugez alors, quelque parfait que soit un règlement, comme il vous faut compléter par la réflexion ses prescriptions générales. Quel bel attrait pour l'intelligence d'un officier ! Comme il vous aidera à voir plus loin que l'horizon du terrain de manœuvre ? Comme il vous inspirera ces mille questions pratiques à poser à vos gradés, à vous poser à vous-même, pour assouplir votre section !

5. Qualités spéciales de commandement. — Parmi les qualités spéciales dont vous avez besoin, deux se placent au premier rang : la conscience et l'impartialité.

La conscience, cela veut dire l'honnêteté, la probité dans la manière de servir, cela veut dire n'être ni carottier, ni fumiste. Prenez pour devise : « Fais ce que tu fais » ; si vous y êtes fidèle, vous ferez tout ce que vous devez, vous le ferez avec zèle, avec l'amour de votre métier dans le cœur, dans les grandes circonstances comme dans les plus petits détails. Les détails ont pour vous une grosse importance. La vie d'un sous-lieutenant est pleine de détails ; si vous y entrez dans ces détails, vous acquerrez toutes les qualités nécessaires à un bon officier de peloton.

Parlons des détails de l'exercice. Ayez toujours une attitude correcte, l'attention sans cesse éveillée, au lieu de regarder le paysage ou de bavarder avec un voisin. Soyez patient, exigeant sans brusquerie. Réagissez contre la tendance des gradés indigènes à menacer les hommes, arrêtez net la tendance à les frapper : ne [illegible] le comprendre c'est donner raison à ceux des Européens qui méconnaissent la nature de l'indigène. N'hésitez pas à prendre un fusil pour enseigner un mouvement et exercez-vous à expliquer clairement sans longues paroles ; si vous ne montrez pas vous-même des aptitudes d'instructeur, vous n'aurez d'influence ni sur vos gradés, ni sur vos classes.

N'allez pas vous rafraîchir pendant les repos dans un de ces cabarets louches qui avoisinent les terrains d'exercice. Luttez contre ces habitudes de boisson funestes pour la santé du soldat comme pour sa bourse, que les jeunes Français assoiffés par un climat chaud, prennent plus vite que les indigènes. Quant à la cantine, si votre exercice a lieu dans la caserne, vous ne devez pas y mettre les pieds ; votre place n'est pas là

Pendant les repos, groupez quelques hommes autour de vous. Parlez-leur de leur famille, de leur tribu. Cherchez à les connaître; notez dans votre mémoire les meilleurs tireurs, les plus aptes au service de sentinelle et d'éclaireur, ceux qui savent écrire le français ou l'arabe.

Ne vous plaignez jamais. Plus le service sera pénible, plus vous aurez d'entrain. C'est quand il pleut qu'il faut rire et savoir par une plaisanterie remonter le moral de la troupe.

Pendant les routes, ne marchez jamais pour votre compte. Examinez ceux qui fatiguent, soyez impitoyable pour ceux que vous soupçonnerez de mauvaise volonté, mais n'hésitez pas à faire mettre sur les mulets le sac d'un homme qui semble à bout de force avant qu'il ne soit contraint de s'arrêter. Si vous êtes en tête, réglez l'allure en pensant aux plus jeunes, aux recrues françaises non acclimatées.

En arrivant au cantonnement, n'allez pas vous asseoir au café, en arrivant au bivouac, que votre premier souci ne soit pas de faire monter votre tente. Si vous aimez les hommes, c'est-à-dire si vous êtes un officier pour de bon, vous surveillerez d'abord l'installation de votre section. Au cantonnement, vous visiterez la maison qui reçoit votre section, vous examinerez la solidité du toit et des murs ; au bivouac, vous regarderez si le terrain n'est pas couvert d'immondices, s'il n'offre pas un creux où l'eau s'accumulera en cas d'orage. Quand les marmites pleines seront sur le feu, vous pourrez penser à vous. Vous ne connaîtrez ni la sieste, ni la nuit. Vous saurez vous lever au grand soleil comme au clair de lune pour voir ce que font les hommes, pour découvrir les endroits où ils se cachent pour jouer. Quand on saura qu'on peut vous voir partout, à toute heure, on se conduira mieux dans votre section ; les punitions diminueront ou disparaitront, parce que vous aurez su les prévenir.

Recevez les ordres et donnez votre signature à la caserne ou chez vous, jamais au café où vous ne pouvez ni demander de renseignements, ni faire d'observations et où des personnes étrangères à l'armée peuvent entendre des choses qui ne les concernent pas, qu'elles ne comprendront pas et qu'elles répéteront de travers. Veillez à ce que celui qui vous communique un ordre se présente régulièrement, qu'il fasse bien demi-tour, qu'il salue, et n'oubliez pas de lui rendre le salut. Si un inférieur vous communique chez vous ou dans un lieu public un ordre qui vous déplaise, jamais un mot, jamais un mouvement d'humeur : ce serait de l'indiscipline.

La seconde des qualités principales que doit posséder l'officier est l'impartialité. Cette qualité, il aura l'occasion de l'exercer souvent et particulièrement chaque fois qu'il sera forcé de prononcer une punition.

Commencez par bien connaitre les fautes que l'on punit de corvée, d'inspection de la garde et de consigne, celles que l'on punit de salle de police et de prison. Certains officiers sont portés à monter le diapason des punitions parce qu'ils oublient les bases données par le service intérieur, c'est un grand tort. Ceux qui ont fait le règlement étaient nos maîtres à tous les points de vue, c'étaient des maréchaux de France qui avaient fait la grande guerre et se connaissaient en hommes. Inspirez-vous donc de leur pensée qui a dicté l'article relatif aux punitions.

N'ayez pas de préférence particulière pour l'Arabe ou pour le Kabyle, pour telle tribu ou pour telle autre, pour ce tirailleur-ci, ou pour celui-là. Tenez seulement compte du passé de l'homme et ne craignez pas d'être bon pour le soldat qui est bon au fond.

Pour la catégorie heureusement petite des meneurs, soyez impitoyable ; c'est du gibier pour la section de discipline.

Ne punissez jamais sous l'empire de la colère. Ne dites jamais à propos de bottes : « vous aurez 8 jours de salle de police », car, si la punition n'est pas méritée, ou bien vous l'appliquerez et vous commettrez une injustice, ou bien vous la lèverez et vous perdrez votre autorité. Dans une compagnie se trouvaient deux officiers, l'un trop vif, l'autre pondéré. Le premier, brusque, criant toujours, annonçait des punitions que tantôt il portait et que tantôt il oubliait : il était exécré. L'autre, toujours poli, toujours souriant, n'infligeant jamais plus de deux jours de consigne mais quand il avait puni, c'était fini ; ses hommes l'avaient surnommé Risette, ils l'aimaient. Résultat : la première section était mal tenue, la seconde était bien commandée et servait de même.

Contractez l'habitude de dire en face d'une faute : « tu seras puni », sans vous engager davantage. Entourez-vous de tous les renseignements nécessaires pour vous éclairer. Vous aurez tout le loisir de mesurer plus tard la punition à la faute. Vous apporterez beaucoup de soins au libellé ; pas de phrases vagues, comme « attitude provocante, propos inconvenants, etc. », mais des faits précis. Lisez vous-même le libellé à l'homme, pour qu'il ne puisse pas prétendre qu'il ignore le motif de sa punition, pour qu'il comprenne bien ses torts.

Enfin pas de punitions à l'œil ; c'est une tendance souvent constatée chez les gradés aux tirailleurs, il faut la réprimer et encore moins la subir ; pour la détruire, il suffira de passer de temps en temps à la caserne à l'heure de l'appel des consignés.

6. Conduite vis-à-vis des supérieurs, des camarades et des inférieurs. — Soyez respectueux pour vos supérieurs, soyez-le particulièrement devant les gradés, devant la troupe. Une marque de déférence n'implique aucune idée humiliante ; elle honore celui qui la rend, elle contribue à le faire voir sous un jour favorable et elle augmente l'aisance devant la troupe comme devant les généraux chez l'officier qui pratique la politesse militaire. Il est donc important que vous sachiez vous présenter et saluer soit du sabre, soit de la main.

A ce sujet rappelez-vous que le sabre est l'insigne du commandement. N'hésitez pas à le tirer au lieu de marcher le sabre au fourreau avec la troupe. Vous aurez vingt occasions par jour de saluer du sabre et vous saurez le faire avec élégance le jour d'une inspection.

Si vous êtes invité à donner un renseignement, prenez garde ; pas de timidité, pas de mauvais orgueil ; donnez le renseignement exactement ou répondez que ne savez pas.

Si on vous punit, acceptez le fait accompli. Ne cherchez pas de faux prétexte pour vous excuser et continuez à agir vis-à-vis de vos supérieurs comme auparavant.

Soyez dévoué sans mesure, sans réticence. Aimez vos chefs et ne prenez jamais plaisir à les blâmer ou à les railler. Si l'un de vos camarades les attaque, laissez-le dire, si vous ne savez pas lui imposer silence, et changez la tournure de la conversation. Evitez ces paroles, plus fréquentes dans les petites garnisons qu'ailleurs, qui commencent par une plaisanterie et qui finissent par une calomnie. Avant d'accepter de pareilles opinions, souvenez-vous de ce que le Qoran dit d'elles.

Certains supérieurs seront plus familiers avec vous que d'autres. Ayez d'autant plus d'égards pour eux qu'ils ont moins l'air d'y prétendre. Ce qu'ils veulent, c'est vous mettre à l'aise et rien de plus.

Vos supérieurs vous tendront quelquefois la main, ne le faites jamais le premier, même avec votre lieutenant ; vous lui devez le respect, il est votre premier supérieur. Quand un supérieur entre dans un lieu public, ne soyez pas maladroit. Levez-vous et saluez-le militairement. Si vous sortez avant lui, saluez-le de même. Dans une réunion, allez saluer de suite vos supérieurs et éloignez-vous sans chercher à engager de conversation avec eux. Ne vous laissez pas influencer sur ce chapitre par les timides, par les moqueurs ; les uns et les autres vous donneront raison quand ils verront que c'est la déférence qui vous inspire ces marques de politesse.

Sur le terrain d'exercices, dès qu'un de vos supérieurs s'approche, allez à lui, saluez-le militairement.

Soyez bon et serviable avec tous vos camarades.

N'ayez pas de sentiments bas ; ne faites pas de distinction entre les officiers à cause de la différence de race, d'origine ou de fortune. Votre vie à tous est toute d'abnégation et de dévouement ; votre fin sur le champ de bataille doit être la même : vivez donc en frères.

La bonne harmonie dans les rapports ne vous empêchera pas d'avoir de la déférence pour les officiers français qui doivent être vos modèles et pour les officiers indigènes plus anciens que vous.

Si vous êtes favorisé dans votre avancement et que vous ayez des camarades plus âgés qui le soient moins, n'oubliez pas que vous êtes plus jeune qu'eux.

Evitez les discussions, surtout celles qui tournent à l'aigre ; pas de mots grossiers ni d'expressions mal sonnantes. Si on vous manque d'égards, taisez-vous, puis plus tard expliquez votre étonnement en termes mesurés et polis.

Quand vous vivrez à la table des officiers français, comme aux manœuvres, ne vous plaignez pas de la nourriture ; ce serait une faute de tact et l'on pourrait vous demander si vous étiez mieux nourri chez vous. Vous profiterez de cette occasion pour prendre de bonnes manières qui étonneront les étrangers que vous rencontrerez en voyage et qui vous vaudront les sympathies de vos chefs, quand ils vous inviteront.

De la politique, les officiers français ne doivent point parler, vous, encore moins qu'eux. On ne saurait comprendre qu'un officier dise du mal du Gouvernement à qui il doit sa situation, ce serait de l'ingratitude ; on ne saurait admettre qu'il en pense du Gouvernement qui a fait tant de sacrifices pour les indigènes d'Algérie.

Aimez vos tirailleurs ; méditez les principes si beaux du service intérieur. Evitez-leur les ennuis et les vexations que vous avez pu éprouver. Soyez juste, ferme, bienveillant, exigeant. Méfiez-vous de cette phrase souvent répétée à tort : « demander plus pour avoir moins » qui n'a d'autre résultat que d'apprendre au soldat à mesurer les limites de son obéissance ; au contraire, ne demandez que ce que vous voulez obtenir, mais obtenez-le à tout prix,

Défendez vos inférieurs, s'il y a lieu ; faites-le avec convenance dans la limite de l'influence que vous donne votre grade, quand même ce serait à votre préjudice.

Ne les insultez jamais, ne vous moquez pas d'eux, ne jouez pas avec eux, n'acceptez d'eux aucun cadeau ; ne leur prêtez pas d'argent et surtout ne leur en empruntez jamais, sous peine de vous avilir et de vous mettre sous leur dépendance.

Devant la troupe, jamais de reproches aux gradés, à moins que leur faute ne réclame exceptionnellement une réprimande publique ; prévenez-les, en les prenant à part, qu'ils seront punis.

Enfin rappelez-vous qu'il est faux, le proverbe arabe :

العقل بالغمزة L'intelligent comprend au signe,

و الجاهل بالدبزة L'ignorant au coup de poing,

et qu'il est indigne d'un homme de cœur et d'un officier de pratiquer cet autre proverbe :

إذا كنت ملزم اصبر و من اين ترجع مهرو دق

« Si tu es piquet, patiente, et quand tu deviendras maillet, frappe ».

7. A propos de la vie. — Et maintenant, recevez quelques conseils à propos de la vie nouvelle que vous mènerez.

Vous aurez une solde élevée, vous verrez tout en rose, vous serez porté à dépenser. Il vous faudra pourtant de l'ordre et de l'économie à vos débuts si vous ne voulez pas vous créer de gros ennuis pour plus tard. Calculez bien votre budget, c'est-à-dire ce que vous pouvez dépenser par mois et mettez le reste à la caisse d'épargne. Votre solde sera de 195 francs ; vous dépenserez environ 20 francs pour votre loyer, 50 francs pour votre nourriture, 15 francs pour l'entretien de votre habillement, 10 francs pour diverses charges obligatoires, bibliothèque, réceptions, musique, etc. Il vous restera une centaine de francs, ce qui est une somme qui permet de parer à bien des choses.

Si vous ne calculez pas votre budget, vous ferez des dettes, or un officier endetté est à moitié perdu. Les colonels, les généraux d'aujourd'hui avaient 147 francs par mois quand ils étaient sous-lieutenants, vous avez plus qu'eux. Dieu sait quels sacrifices ils se sont imposés pour faire face aux lourdes dépenses qu'ils avaient et qui étaient bien supérieures aux vôtres, pour ne pas s'endetter. Non, pas de dettes, et surtout pas de ces petites dettes à droite et à gauche, qui sont l'indice du désordre ; pas de billet non plus, votre billet pourrait être protesté un beau jour et vous payeriez le triple, le quadruple ; votre colonel le saurait, vous devinez la suite. Pourtant des circonstances malheureuses peuvent vous empêcher de satisfaire à tous vos besoins et vous forcer à vous endetter. Dans ce cas, n'éparpillez pas vos dettes et n'ayez que des dettes honorables, chez des fournisseurs connus, de préférence chez les maîtres ouvriers du corps auxquels vous donnerez des à-compte jusqu'à ce que votre situation s'améliore. Prenez garde à la tentation d'acheter à crédit une belle montre, des bracelets, une bague, etc. ; un jour, pressé d'avoir de l'argent, vous pouvez avoir la mauvaise pensée de revendre ces objets, ce qui serait de l'escroquerie, et vous ferait mettre en réforme.

Allez au café maure, il n'y a pas de mal à cela, mais choisissez le mieux fréquenté. Ne grossissez pas le nombre des ignorants qui écoutent les chanteurs arabes débiter des histoires où souvent l'on dit du mal de la France et dont on change le thème à l'approche d'un roumi. Il faut qu'on sache bien que personne n'a le droit de tenir en votre présence des propos contre les Français et que vous ne supporteriez pas qu'on calomnie la nation qui vous fait officier, qui bâtit vos mosquées, qui paye vos instituteurs, qui vaccine vos enfants, etc.

Allez au café français que fréquentent vos camarades pour resserrer les liens de la camaraderie et pour entendre parler français. Pour entendre parler français, allez au théâtre, allez aux conférences de l'Université populaire, aux cours gratuits des écoles ; si vos chefs y viennent, allez les saluer.

Si vous le pouvez, montez à cheval, faites de la bicyclette et de la photographie, faites de l'escrime, exercez-vous au révolver.

Votre meilleure distraction sera la lecture. Si vous voulez vous astreindre à lire une heure par jour, mais tous les jours bien entendu, vous vous transformerez vite ; vous vous ferez remarquer par votre instruction et par votre conversation. Les officiers français se feront un plaisir de vous guider dans le choix de vos lectures. Quand vous lirez, ayez une carte sous les yeux, à chaque nom de ville, de fleuve, de montagne, regardez-la ; vous apprendrez la géographie sans vous en douter. Quand vous faites des marches, des routes, ayez votre carte à la main et comparez-la souvent avec le pays ; vous apprendrez la topographie sans vous en douter.

Relations. — Les meilleures heures que vous aurez se passeront dans la compagnie des officiers français, au contact desquels vous apprendrez sans cesse. Mais cela ne suffit pas ; faites des visites aux femmes des officiers français, apprenez à vous tenir en bonne compagnie ; elles vous y aideront, comme leurs maris vous faciliteront votre tâche. Acceptez les invitations à dîner ou à passer la soirée chez ces officiers ; cela ne vous impose aucune obligation et aucune dépense. Quand les circonstances vous mettront en rapport avec les autorités civiles, témoignez-leur du respect en songeant qu'elles représentent le Gouvernement français. N'hésitez pas à saluer les administrateurs ; bien que le règlement ne vous y oblige pas, ils ont droit à toute votre considération.

Donnez le bon exemple aux anciens tirailleurs et intéressez-vous à eux. Quelques officiers en retraite cessent de saluer les officiers, ils ont l'air d'oublier ce qu'ils doivent à l'armée, au corps des officiers en particulier. Ramenez-les doucement aux sentiments et aux habitudes qu'ils doivent avoir. Dites-leur que les anciens tirailleurs trouveront toujours un accueil favorable sous les plis du Drapeau qu'ils ont tenu si haut sur tous les champs de bataille. Fuyez au contraire ceux qui auraient une conduite douteuse : une orange gâtée contribue à pourrir ses voisines.

Vie privée. — Votre vie privée doit être honorable, claire, limpide comme l'eau de source. Si vous vous mariez, choisissez avec soin la famille où vous voulez prendre une femme. Pourquoi, si l'occasion se présente, n'épouseriez-vous pas une française ? Le Qoran ne s'y oppose pas, la religion catholique n'exige pas que vous abandonniez la vôtre ; mais méfiez-vous des intrigantes. Si vous ne vous mariez pas, évitez les aventures ; rappelez-vous que la femme d'un camarade est sacrée, que tenter la femme d'un inférieur est un crime. Quoi qu'il vous arrive, n'acceptez jamais d'argent d'une femme ; vous savez quelle épithète méritent les hommes sans honneur qui agissent ainsi.

Un dernier conseil : n'achetez rien aux fournisseurs de l'ordinaire quand vous le pourrez ; votre honorabilité doit être à l'abri du soupçon.

En résumé, songez aux grands devoirs qui vous incombent, devoirs sociaux et devoirs militaires. Si vous les remplissez vous aurez plus de chances que le hasard vous favorise dans votre carrière que si vous êtes un officier terne ; pour les remplir rappelez-vous qu'il suffit d'être consciencieux jusque dans les moindres détails. Si vous avez le cœur haut placé, vous trouverez votre première récompense dans l'affection des officiers français dont vous serez, si vous le voulez, l'aide le plus utile dans une compagnie de tirailleurs.

Enfin, recherchez toutes les occasions de faire campagne et de vous distinguer.

TABLE DES MATIÈRES

—×—

3e PARTIE

Quelques idées et institutions sociales

—×—

4e PARTIE

www.ingramcontent.com/pod-product-compliance
Ingram Content Group UK Ltd.
Pitfield, Milton Keynes, MK11 3LW, UK
UKHW021041230726
13926UKWH00004B/1599